産経新聞論説委員長
乾正人

令和をダメにする18人の亡国政治家

永田町取材30年の記者が断罪!

はじめに——ハマコーとの30年越しの「約束」

新たなる令和時代に、新たなる世代が、同じ轍《てつ》を踏まないように

あれは30年ほど前の冬の寒い夜だった。

その夜、海部俊樹首相の番記者だった私は、ありふれた記事を書くために（あまりにもありふれていたので、どんな記事だったかは忘却の彼方となった）、東京・永田町にある首相官邸向かいの古ぼけた記者会館で四苦八苦していた。取材が甘かったのか、独りよがりの思い込みで書いていたのか、多分、その両方だったのだろう。大手町の本社にいるデスクからなかなかＯＫが出ない。何度も書き直しを命じられ、先輩や同僚記者がとっくの昔に夜回りや政治家や秘書官との会合に出てしまったあと、ようやく解放されたのは午後10時をまわっていた。

空きっ腹を抱え、首相官邸横の坂を１人とぼとぼと下り、当時は外堀通りにあった「赤坂ラーメン」に入って一息ついていると、黒ジャンパーに黒ジャージ、全身黒ずくめの、

いかつい男がヌッと入ってきた。その筋のオジサンかな、と少々身構えてちらりと見るとハマコーこと浜田幸一その人だった。

今も昔も駆け出しの政治部記者は、まず、首相番をやらされる。時の最高権力者である首相を文字どおり朝から晩まで追い回す「公的ストーカー」が生業である。首相番記者は、首相が何時何分、どれくらいの時間、どういう人と会ったか、という事実を知り、記録するだけが仕事ではない。首相の会談相手がわかれば、そのたびに政治家なら平河クラブ（自民党担当）、財界人なら財界クラブ、外交官なら霞クラブなどの記者クラブにすぐさま電話し、面会者を担当する記者に知らせる作業が待っている。これが結構、大変だった。

平成の初め、携帯電話は非常に重く、しかも高価だったのでほとんど普及していなかった。テレビ局記者も含め、常時10人以上いた記者たちが、旧官邸2階の執務室前から（今では信じられないことだが、新官邸ができるまで記者は執務室前まで自由に行けた）赤絨毯《じゅうたん》が敷き詰められた正面階段を駆け下り、番小屋と呼ばれた1階の玄関近くにあった記者詰め所に置かれた2台の黒電話めがけ、われ先にと群がる姿は壮観だった。

首尾良く黒電話を確保しても連絡すべき相手が受話器の前にいるとは限らない。むしろいないほうが多かった。それでも連絡が他社より大きく遅れようものなら「何やってるんだ！」と怒声を容赦なく浴びせられる。パワハラ、などという言葉がなかった時代だ。

夜は、といえば各省から出向している首相秘書官が住む官舎や自宅に夜回りし、翌日の大まかな日程を把握するとともに何が官邸の懸案事項になっているかを探るのだが、百戦錬磨の官僚たちに経験の浅い記者が太刀打ちできるわけがない。軽くいなされて終わり、の毎日が続いた。

朝は朝で、90歳を超えた今も矍鑠《かくしゃく》とされている石原信雄官房副長官と二言三言会話するだけのために田園都市線の某駅まで、下宿していた行徳から片道1時間半近くかけ、もう1人の番記者と1日交替で通った。

オウム事件以後、要人警護が格段に厳しくなった今では考えられないが、午前7時台のラッシュ時に官房副長官が電車通勤していたのである。周りの乗客は、1人の小柄な紳士を目つきの悪い若い男たちが取り囲むように立っていたのを不思議そうに眺めていたが。

話が脱線してしまった。「赤坂ラーメン」に話を戻そう。

首相番の仕事は、地味ながら重要な仕事で政治取材のイロハなのだが、そんなことは遊びたい盛りで地方支局からあがってきたばかりの若造にわかるわけがない。しかも世間は、陰りが見え始めていたとはいえバブル景気にまだまだ酔っていた。

ラーメン屋で疲れ切った顔をして「早く自民党担当になって料亭で一杯やりながら取材

をしたいもんだ」などと、かつての杉村太蔵議員と同じような妄想が頭のなかに渦巻いていたのがお見通しだったのだろう。

ヌッと店に入ってきたハマコー氏、いきなり私の肩をたたき、「ラーメン屋で食事とは結構、結構。悪い政治家や先輩とつるまず、読者のため、日本国のためがんばってくれ」とだけ言い残し、何も注文せず、さっさと出て行ってしまった。

店員も私も呆気《あっけ》にとられるだけだった。なぜ、見ず知らずの私が政治部の記者であるのがわかり、激励したのか不思議でならなかった。後日、国会の廊下でばったり会ったときに、名刺を差し出して恐る恐る尋ねると「(国会に入れる)記者バッジを胸につけて不景気そうにラーメン食ってたじゃないか。悩める若者を励ますのは大人の務めだ」といとも簡単に種明かしをしてくれた。ハマコー恐るべし。

今にして思えば、ハマコー氏はかの有名な「宮本顕治人殺し発言」で衆院予算委員長をクビになってから日も浅く、毎朝6時から5年間続けてきた元赤坂にあった金丸信邸への朝回りも夫人の勘気に触れて(せっかく夫人のとりなしで金丸氏が推挙して予算委員長という重要ポストを得たのに、軽はずみな発言で棒に振り、金丸の名前を汚した、と夫人の怒りを買った)出入り禁止になっていた。暇をもてあましたハマコー氏、「赤坂パトロール」と称し、健康維持と実益とを兼ねて夜な夜な外堀通りからみすじ通りや一ツ木通り、今はなき料亭口悦やTBS周辺を歩き回り、政治家や新聞記者の「夜日程」をつぶさに観察していたようだ。

その後まもなくハマコー氏は、自民党1党支配時代の終焉《しゅうえん》、非自民の細川護熙《もりひろ》政権誕生という日本政治の大転換を見ずして、平成5年（1993年）、ひっそりと政界を引退した。

しかし、武闘派の見かけによらない彼の鋭い観察眼は、その年の秋に出版した『日本をダメにした九人の政治家』に結実し、世間をあっと言わせた。最後の9人目はハマコー自身というオチをつけつつも、小沢一郎から梶山静六に三塚博、首相経験者である中曽根康弘、竹下登に宮沢喜一ら当時現役ばりばりの実力政治家たちを斬《き》って、斬って、斬りまくったのだから、面白くないはずはない。たちまちのうちにベストセラーとなった。

ハマコーの『日本をダメにした9人の政治家』は150万部を突破する大ミリオンセラーとなった

それまでも政治家にまつわる暴露本は数多く出版されたが、当事者が書いたものはほとんどなく、衝撃力で群を抜いていた。この本で彼が、腐敗政治の責任をとって竹下登元首相に議員辞職するよう迫ったことを初めて知った。もちろん、竹下氏が断ったのは言うまでもない。

『日本をダメにした九人の政治家』が世に出てからあっという間に四半世紀が経った。ハマコーが警鐘を乱打したニッポンの政治は、はたして良くなったのか。彼本人も、俎上《そじょう》に載せられた政治家の大多数も鬼籍に入った。確かに、スケールの大きな悪事を働く政治家はいなくなった。しかし、スケールの大きな政治家もいなくなった。同時に、日本の国家自体も小さくなってしまった。

30年前の平成元年（1989年）、世界全体に占める日本の国内総生産（GDP）は、米国の28％につぐ15％を占め、カネ、カネ、カネのバブルに浮かれに浮かれていた。

それが今や、中国にGDPであっという間に抜かれ、世界比6％まで大きく後退してしまったのである。少子高齢化も歯止めがかからず、人口はついに減少に転じた。

平成は「敗北」の時代だったのだ。平成が終わりを告げ、令和時代を迎えた今こそ、誰がなぜ、どうして失敗してしまったのか、責任は誰が負うべきかを厳しく分析しなければならない。

平成時代には、東日本大震災や阪神大震災など人間の力ではどうにもならない自然災害が頻発したのも確かだ。しかし、みんな一生懸命やったけれど、仕方なかったなあ、となあなあで傷をなめあうようでは、「令和」の新時代に教訓すら残せない。

特に平成時代の大半、日本政治が混迷し続けた罪は重い。

もちろん、政治家だけが悪いのではない。そんな政治をはびこらせてしまった新聞やテレビ、ラジオ、雑誌などに携わってきたわれわれメディア人たち、バブルに踊り、戦略もなしに目先のカネに目がくらんだ企業家たち、消費税導入と増税に血道をあげてきた財務官僚たち、要所要所で見事なまでに金融政策を誤った日銀マンたち、米国や中国の日本たたきに有効な打開策を示せなかった外交官たちの罪も万死に値する。

それを重々承知したうえで、とてもハマコー氏には成り代われないが、永田町や霞が関の周辺を30年間うろつき、あることないことを書いて禄《ろく》を食《は》んできた者のせめてもの罪滅ぼしとして、平成を敗北の時代にしてしまった「主犯」である政治家の罪状を今から明らかにしていきたい。新たなる令和時代に、新たなる世代が、同じ轍を踏まないように。

令和をダメにする18人の亡国政治家

目次

第2章　浮かんで消えたバブルのような政治家たち

第5章　政治不信を加速させたメディアの大罪

プロローグ　なぜ平成ニッポンは敗北してしまったのか

平成最後の年、私は産経新聞元日付1面に、平成という時代を顧みながら「さらば、敗北の時代よ」と題して以下のような記事を書いた。

「平成は〝敗北〟の時代だったな」

年の瀬に訪ねたある財界人の言葉に、平成の30年間をボーッと生きてきた私は、ハンマーで殴られたような衝撃を受けた。

平成23年の東日本大震災、7年の阪神大震災と地下鉄サリン事件という大きな厄災に見舞われたとはいえ、日本はおおむね「平」和で、バブル時代の狂騒を経て「成」熟した社会になったなぁ、と勝手に総括していたのである。

しかし、数字は平成日本の「敗北」を冷酷に物語っている。

平成元年、世界全体に占める日本の国内総生産（ＧＤＰ）は、米国の28％に次ぐ15％

を占め、バブルに浮かれた当時は、やれジャパン・アズ・ナンバーワンだ、24時間戦えるだのとおだてられ、米国という巨人の背中が見えた、ように思えた。

危機感を持った米政府は日米構造協議で日本に圧力をかけ、ITに活路を見いだして再び成長軌道に乗り、GDP世界比25％を保っている。バブルが崩壊し、政治も混迷した日本のGDPは世界比６％まで大きく後退してしまった。

30年前、世界の上位50社（時価総額）中、日本企業が32社を占めていたなんて若い人には想像もできないだろう。今や50社に食い込んでいるのはトヨタのみだ。人口も10年前をピークに減り続け、増えているのは国債という名の借金のヤマだけだ。

最大の敗因は何か

なぜ、平成日本は敗れてしまったのか。理由はいくつもある。前出の財界人は、「危機感の欠如だ」と喝破したが、個人的には、（1）焼け跡からの奇跡の経済復興に慢心してしまった（2）30年間に首相の座に就いた政治家がのべ18人を数えるほど政治が混迷を極めた（3）中国の共産党独裁体制を支援した──の３つの敗因を挙げたい。ことに３番目は、取り返しのつかない失策である。

平成元年、北京・天安門広場に自由を求めて集まっていた市民や学生を人民解放軍が虐殺した天安門事件は世界に衝撃を与えた。国際的に孤立し、苦境に陥っていた中国共産党政権を助けたのが日本だった。海部政権は円借款をいちはやく再開し、続く宮沢政権は天皇陛下訪中を実現させた。産経新聞は当時から慎重論を唱えていたが、多勢に無勢、中国は難なく国際社会に復帰した。一党独裁を維持したまま世界第2位の経済大国に中国が成り上がった出発点は、まさにここにある。

歴史に「もしも」はない。あのとき、ああしていれば、というのも何の意味もない。

トランプで良かった

意味があるとすれば、誤った歴史認識に引きずられることなく、冷徹に自国の利益を何よりも優先した決断をしなければ将来に大きな禍根を残す、という教訓を歴史からくみ取ることしかない。

まもなく迎える新しい時代は、明治から大正、大正から昭和、昭和から平成に御代替わりしたときのように、予測不能の時代に突入することだろう。

そんな激変期に、われわれはどうすればいいのか。

トランプ氏が米大統領選を勝った3年前の秋、私は「トランプでいいじゃないか」という記事を書いた。その思いは、「トランプで良かったじゃないか」との確信に変わった。

主要閣僚を次々とクビにし、日々わき上がる激情を次々とツイートし、同盟国との信義よりもカネ勘定を優先する大統領は、これまでにいなかった。だからこそ、われわれは米国のむき出しの本音を知ることができる。日本は米中の狭間《はざま》でうまく立ち回れる、と今でも思っている御仁《ごじん》は、よほどのお人よしである。

トランプ氏は、いずれ「俺をとるのか、習近平をとるのか」と安倍晋三首相に迫るはずだ。そのとき、どっちつかずの返答ができないのは、首相自らがよく知っている。

日米安保さえあれば大丈夫だ、という思考停止の時代はまもなく終わりを告げる。この国自らが厳しい選択をその都度迫られる新しき時代こそ、日本人は戦後の呪縛《じゅばく》から解き放たれる、と信じたい。

この記事は予想外の反響をいただき、「あの財界人は誰なのか」「平成をそんなにネガティブにとらえないでもらいたい」といった問い合わせや批判が、寝正月を決め込んでいた筆者の携帯電話やパソコンに殺到し、おとそ気分も吹っ飛んでしまった。

種明かしをすれば、記事中に出てくる財界人は経済同友会代表幹事の小林喜光《よしみつ》さん（三菱ケミカルホールディングス会長）だ。筑波大学経営委員会などでご一緒させていただいたこともあり、彼の憂国の情はたびたび拝聴していた。小林氏は経済同友会の記者会見でも「平成の30年間は敗北の時代だった」と持論を展開されていたのだが、どの新聞やテレビも大きく扱っていなかったのを幸いに匿名でご紹介させていただいた。もちろん、私がばらすまでもなく、ネタ元が小林氏であるのはすぐ知れ渡り、1月の末には朝日新聞に「敗北日本　生き残れるか」と題した小林氏のロングインタビューが載ることになるのだが。

寄せられた多くの反響のなかで胸に突き刺さったのは、「平成が敗北というならその責任は昭和世代が負うべきだ」という平成生まれ世代からの痛烈な批判だった。

確かにそのとおりだ。

平成ニッポンが敗れてしまった要因を突き詰めていく旅にしばし、出てみたい。また、これから先は敬称を略させていただく。

第1章　平成ニッポンを敗北に導いた大戦犯・小沢一郎

国民に政治不信を植え付けた張本人

私は、平成を通じての「政治戦犯」の筆頭は、何と言っても小沢一郎だと思っている。小沢一郎は、昭和44年（1969年）、第32回衆議院選挙に旧岩手2区から自由民主党公認候補で立候補し、27歳の若さで当選を果たしている。以来、半世紀の長きにわたって政治の世界に身を置き、現在77歳になるものの、いまだに権力への執着は薄れることのない、端倪《たんげい》すべからざる政治家である。有権者の支持なくして議席を得ることが不可能な議会制民主主義にあって半世紀にわたって政治の第一線に居続けている、という観点からは尊敬に値する人物と言えなくもない。

しかし、カネまみれの「昭和の政治」を引きずっているという意味でも、国民に根深い政治不信を植え付けたという意味でも、真っ先に断罪されるべきは小沢一郎である。いわゆる金権政治（金の力で政治権力を掌握すること）における彼の「豪腕」という幻影にいまだに振り回されている政界は、残念ながら平成時代が終わった今も大した進歩がなかったと言うほかない。

図表１　小沢一郎の所属政党の遍歴

昭和44年（1969年）	自由民主党
平成5年（1993年）	新生党
平成6年（1994年）	新進党
平成10年（1998年）	自由党
平成24年（2012年）7月	国民の生活が第一
平成24年（2012年）11月	日本未来の党
平成24年（2012年）12月	日本未来の党を生活の党に改称
平成26年（2014年）12月	生活の党を生活の党と山本太郎となかまたちに改称
平成28年（2016年）12月	山本太郎となかまたちを自由党に改称
平成31年（2019年）4月	国民民主党に合流

自由民主党の議員としてスタートし、現在、国民民主党に合流した小沢一郎の政治家としての経歴を、正確に言うことができる政治家もマスメディアの人間も、おそらくそれほど多くないだろう。所属政党の遍歴だけをたどってみても、図表１に示したとおりで、その紆余《うよ》曲折ぶりは突出している。「平成○○年に小沢一郎が所属した政党は」というクイズが出されれば、政治通でも難問中の難問となろう。まあ、「国会のクイズ王」の異名を持つ小西洋之なら、たちどころに答えてくれるだろうが。

その複雑怪奇ぶりに新たな1頁が、平成最後の年に加わることになった。平成31年（２０１９年）１月、国民民主党代表の玉木雄一郎と自由党の小沢一郎が、両党の連携強化で一致し、国会で統一会派が結成されたのだ。もちろん、両党は合流することになった。「小沢マジック」に中堅若手議員がいとも簡単に騙《だま》されるもんだなあ、とあきれてしまった。

1月時点で、国民民主党の議員数は衆参合わせて57人擁しており、自由党は衆参合わせてわずか6人に過ぎなかった。まさに小が大を呑む。「さすが小沢」（もちろん皮肉だが）という言葉しか浮かばなかった。国民民主党には、目前に迫った参院選に、野党が統一して当たらなければ、「安倍独裁」体制が延々と続く、という大義名分があったのも本当だ。

しかし、実のところは党内に有力議員やスター議員がおらず、選挙に弱い候補ばかりを抱えて他にリーダーが見当たらず、このままだと党が消えてしまいかねないという危機感を抱いた玉木が、藁《わら》にも縋《すが》る思いで小沢一郎に頼ったというのが正直なところで、その脆《ぜい》弱《じゃく》さを小沢一郎はよく突いたのだ。

大変節も恬として恥じない

もちろん、小沢の狙《ねら》いは別のところにある。

小沢一郎は権力とカネを掌中に置くことを最大の目的に永田町を半世紀にわたって歩んできた。目的がぶれない、という点でこれまた端倪せざるを得ない。両党の合流が表面化したとき、国民民主党の金庫には、民進党が解党して国民民主党が引き継いだ政党助成金をはじめとする政治資金が１００億円以上眠っていた。

野党はもちろん、自民党でさえキャッシュで１００億円というカネは金庫にない。小沢一郎は、この巨額の資金を元手に野党の大合流、そして再びの政権交代を夢想していたのだ。

政治を動かすに当たってカネ、という言葉が生々しければ、政治資金と言い換えてもいいが、その重要性を小沢は田中角栄、金丸信、そして晩年には事あるごとに対立した竹下登からも身をもって刷り込まれたのである。

理念と政策だけでは政治は動かない。これだけは昔も今も変わらない。

田中角栄の「金権政治」が象徴する、「戦後政治」にダイナミズムがあったとすれば、最大のエネルギー源はカネであり、巨大な官僚組織や国会を動かす潤滑油が、カネともう１つ、カネと表裏一体の関係にある人間の「情」だった。

本来、政治の芯をなすはずの国家理念や志といったものは、昭和20年（１９４５年）８月15日、正確には日本全権が相模湾に停泊中の米戦艦ミズーリ号で降伏文書に調印した同年9月2日以来、そんな目に見えないものには1銭の価値もない、とばかりに打ち捨てられたのである。

話が脱線しかかった。平成最後の、しかも小沢にとって最後の大勝負となるであろう「小沢構想」の第1段階は、とりあえず成功した。しかし、この動きに待ったがかかった。かつて民主党内で反目し合った立憲民主党代表の枝野幸男ばかりでなく、かつての部下だった岡田克也、元財務相の安住淳《じゅん》らが国民民主党の中堅、若手議員と接触、「早く立憲民主にこい」と露骨な引きはがし工作を始めたのだ。

ことに岡田は、これまたかつては小沢チルドレンと呼ばれた国民民主の衆院議員、階《しな》猛《たけし》を国会の廊下でよびとめ、「小沢にみすみす100億円を持って行かれていいのか」と厳しい口調で〝警告〟したという。

小沢の最大の欠点は、かつての側近や部下から次々と裏切られることに象徴される「人間性」と言っても過言ではない。

岡田や安住、階らばかりではない。昔を遡《さかのぼ》れば、小沢を「アニキ」と慕った中西啓介や中村喜四郎、都知事に出世した小池百合子、永田町での実績よりも「政界失楽園」で名をなした船田元《はじめ》、新進党分裂後も自由党結成に参画し、小沢側近として切り回した二階俊博等々、かつての小沢シンパの大部分が「反小沢」にまわった。

政治家だけではない。お笑い芸人に「田崎スシロー」と揶揄《やゆ》されるほど〝安倍シンパ〟として有名になった元時事通信特別解説委員の田崎史郎も、もとはといえば、「小沢べったり記者」だった。あるときから本人にも確たる理由がわからぬまま小沢に無視されるようになって、月刊文藝春秋に「小沢一郎との訣別」（平成６年10月号）を書き、「反小沢」の急先鋒《きゅうせんぽう》となるのである。

竹下派７奉行の１人で、小沢と行動を共にした経験のある渡部恒三はかつて、「小沢君の周りからいつも人が離れていくのは人間性のせいだ。小沢君が５＋５＝７だと言った場合、いいえ、５＋５＝10ですよと言い返す相手とは付き合わなくなる。ずけずけ言い返したり、コントロールできるのは僕だけだった。新しい党を作るときは小沢君が必要だ。しかし党が出来てしまえば小沢君は邪魔になる。その繰り返しだ」と評したことがあった。渡部恒三の談話は、小沢の人物像をよく表している。

政治理念も一貫したモノがない。自民党議員だった昭和から平成にかけてと、野党議員である現在の考え方が１８０度違っていても恬《てん》として恥じるところがない。

端的な例がある。平成５年（１９９３年）に自身が著したはずの『日本改造計画』（講談社刊）で述べていることは、今、安倍首相の考えや実行している政策と共通点があまりに多い。

詳しくは【図表2】を参照していただきたいが、この本を出版した当時は、憲法改正を主張していたのに、今ではゴリゴリの護憲派として振る舞っている。

もちろん、人間は変わる。思考も思想も変わり得る。改憲派から護憲派に転じるのも自由だ。しかし、彼は政治家なのである。

なぜ、180度思考が（嗜好と置き換えてもいい）変わったかを有権者に詳しく説明すべきなのに、ほとんどしていない。しかも自民党時代には聞いたことがない「反原発」をいつのまにか声高に語るようになったかと思うと、国民民主党が支援団体である連合に遠慮して「反原発」に踏み切っていないのを忖度《そんたく》し、こだわらない姿勢にまたまた転じている。

これほど軸がブレ続け、主張（主張というモノがあればの話だが）を曲げても、平然としていられる稀有《けう》な個性があったからこそ、派閥であれ政党であれ、離合集散が展開される権力争いに際して、ときには〝傀儡師〟として、あるいは〝壊し屋〟として、小沢一郎ならではの豪腕ぶりが発揮できたといえる。

逆の言い方をすれば、彼には確固とした政治理念がないからこそ、強いのである。日米開戦の翌年に当たる昭和17年（1942年）に生まれ、幼少期をGHQの占領下で過ごした小沢一郎という政治家は、経済最優先で理念なき「戦後政治」の姿を具現した存在と言

図表2　『日本改造計画』の提唱施策

首相官邸の機能の強化	補佐官制度を導入
与党と内閣の一体化	160人の議員を政府に、官庁も政治主導
小選挙区制の導入	政治資金制度の改革
全国を300の「市」に	地方分権基本法を制定
国家レベルの政策に官僚の頭脳を生かす	危機管理体制の構築、国の基本政策、対外関係、安全保障の確立
平和創出戦略への転換	自衛隊の再編成、憲法9条に第3項を付け加える憲法改正か平和安全保障基本法をつくる
国連中心主義の実践	核の国連管理、国連待機軍の創設
保護主義のワナからの脱却	積極的な市場開放、GATT(関税・貿易に関する一般協定)体制の強化、世界貿易機構の創設
「アジア・太平洋閣僚会議」の常設	
対外援助の積極的「使い方」	ODAの有効活用、10万人留学生の受け入れ、外国人労働者の技能研修制度の整備、環境保護のリーダーに
東京からの自由	都市に住宅、地方に雇用、新幹線と高速道路の整備、遷都のすすめ
企業からの自由	高度成長型社会からの脱皮、所得税・住民税を半分に
長時間労働からの自由	1800時間の実現(有給休暇の完全取得、時間外割増率50%、完全週休2日制、週40時間労働)
年齢と性別からの自由	高齢者の職場参加を進める、女性も選択が可能な社会、主婦にも年金を満額支給
規制からの自由	管理型行政からルール型行政へ
真の自由の確立	主体性を持たせる教育改革、教師を特別職の国家公務員に

えるのではないだろうか。

それでは、小沢一郎が政治家としてどんな足跡を残してきたか、振り返ってみよう。

権力争いの渦中に必ずいた

周知のとおり、小沢一郎は田中角栄の薫陶を受けた政治家である。小沢は早世した田中の長男と同じ昭和17年生まれであったことから、田中は小沢を息子のようにかわいがった。小沢は田中を「オヤジ」と慕い、政治のイロハを田中から学んだと語っている。

小沢一郎について語るとき、田中角栄という大きな存在は外せない。

田中派が膨張して政界を牛耳る一方で、竹下登ら生え抜き派と二階堂進ら外様派の対立が激化。ついには経世会創設に至る経緯と、自民党1党支配の崩壊と非自民細川護熙政権の誕生、そして政権交代によって野党・民主党が政権の座につくまでを振り返ってみると、繰り返されてきた権力争いの渦中で、必ずと言ってよいほど小沢一郎が重要な役割を担ってきた。彼の権力に対する強い執着と権謀術策の数々は、角栄から強い影響を受けているのは間違いない。

昭和51年（1976年）2月に明るみに出たロッキード事件以降、自らを陥れた米国と当時の首相、三木武夫に対する復讐《ふくしゅう》心に燃えた角栄は、復権をかけて「数は力なり」を実践、田中の下に集まった国会議員は約140人にのぼり、田中派は自由民主党内で圧倒的な最大派閥を形成した。

田中派には二階堂進、金丸信、竹下登の幹部をはじめ、中堅幹部として、のちに竹下派7奉行と呼ばれた梶山静六、橋下龍太郎、小渕恵三、羽田孜、渡部恒三、奥田敬和、小沢一郎が連なり、野中広務、綿貫民輔なども田中派に属していた。

ロッキード事件の1審判決が出たのは昭和58年（1983年）10月のことで、田中は東京地方裁判所から懲役4年、追徴金5億円の実刑判決を受けたものの即日控訴し、〝不退転の決意〟を示した。だが、その翌11月、「田中判決解散」と称された衆議院解散後の第37回総選挙は、自由民主党の大敗に終わっている。

この結果、ときの首相、中曽根康弘は「いわゆる田中氏の政治的影響を一切排除する」という声明を発表。翌年10月の自民党総裁選を契機に田中派は分裂へと向かうことになる。

このとき、田中は中曽根再選を支持したが、田中派（木曜クラブ）会長の二階堂進副総裁を擁立する構想が起こり、これに危機感を抱いた田中派内の中堅・若手によって竹下登を中心とした「創政会」の設立準備が進められた。

創政会が発足した昭和60年（1985年）2月の同月末、田中角栄は脳梗塞《のうこうそく》で倒れ、以降の政治活動は不可能な状態となる。

昭和61年（1986年）7月、竹下登が「経世会」を旗揚げして田中派の大半が参加。二階堂グループは木曜クラブに留まり、中間派も含めて田中派はついに分裂した。しかし、話はそれで終わらない。同年10月、竹下は謝罪のため目白の田中邸を訪問したものの、田中眞紀子に門前払いされ、のちに皇民党事件として表面化した。この事件については、のちほど詳述する。

さて、小沢である。親とも慕った角栄を裏切り、竹下・金丸を選んだのだから、心理的葛藤《かっとう》は相当のものだったはずだが、今も多くを語っていない。

小沢は、義理と人情よりもカネと権力を取った、と断じても過言ではない。しかもその選択は、すぐに実を結んだ。竹下の自民党総裁獲りに奔走し、貢献した功績を認められて竹下内閣で内閣官房副長官に抜擢《ばってき》されたのだ。官房副長官は、宰相の座を目指す政治家にとって登竜門的ポストである。しかも彼は、首相官邸に常駐しながら、難航を極めた消費税創設をめぐる国会での野党対策に尽力したので「事実上の国対委員長」と呼ばれた。

だが、長期政権確実、といわれた竹下政権は、リクルート事件発覚によってあっけなく崩壊した。

それでも、小沢の快進撃は止まらなかった。金丸の強い推挙によって海部俊樹政権で幹事長の座を射止めた。このとき弱冠47歳。自民党幹事長の座は、今も重いが、当時は「総裁候補」の最短距離に立ったという印象だった。

小沢と言えば、「豪腕」のイメージが今でもあるが、幹事長として平成2年（1990年）の衆院選を仕切った際、渋る経団連を説き伏せ、傘下企業から300億円の軍資金を調達したことや上司である自民党総裁（海部首相）を総裁とも思わない態度（本人は否定しているが、「海部は本当にバカだ。神輿《みこし》は軽くてパーがいい」と小沢本人が周辺に語った、という噂《うわさ》が永田町に出回ったのは確かだ）から「豪腕」イメージが醸成された、と記憶している。

しかし、好事魔多し。平成3年（1991）の東京都知事選で公明党を引き込んで元NHKキャスター、磯村尚徳《ひさのり》を擁立したまでは良かったが、自民分裂選挙となって現職知事、鈴木俊一が圧勝。幹事長辞任に追い込まれた。しかも追い打ちをかけるように狭心症に見舞われ、同年10月、海部首相退陣後の「ポスト海部」一番手に挙げられたものの、健康状態を理由に固辞した。その一方、やはり金丸の強引とも言える推挙で就任していた経世会会長代行として、自らの事務所に総裁候補を呼び込んで支持する候補を決めたいわゆる「小沢面接」を敢行、宮沢喜一が後継首相に選ばれた。

このとき、本人も取り巻きたちも、「ここを見送っても健康状態が万全になれば、何回でもチャンスは巡ってくる。むしろ他派閥に恩を売っといたほうがいい」と余裕だったのは確かだ。だが、2度とそういう好機は小沢に巡っては来なかった。

歴史にイフはない。それでもこう思わざるを得ない。

あのとき、もし小沢が首相の座を引き受けていたら、「闇将軍」と呼ばれた田中角栄に端を発する、経世会による「権力の2重支配」、そして「政治改革」を大義名分とした政治の混乱はかなり軽減されたのではないか。食材に「旬」があるように、人間にも「旬」がある。

小沢の政治家としての「旬」は、まさにあのときであり、その後は政局混迷のもとになっただけである、と私は思う。

その後、竹下派7奉行のうち、小沢を中心に羽田孜、渡部恒三、奥田敬和の4人は「改革フォーラム21」(羽田派)を旗揚げし、竹下派は分裂。平成5年(1993年)6月の宮沢内閣の衆議院解散にともなって、羽田派の国会議員は自由民主党を集団離党し、新生党を結成した。小沢一郎が代表幹事を務め、翌7月の第40回衆議院議員総選挙で55議席を獲得して、小沢は選挙後の連立工作で中心的役割を担った。

自由民主党は過半数割れし、新生党、日本新党、武村正義が代表を務める新党さきがけが躍進して宮沢内閣は総辞職した。

この総選挙後、日本新党代表の細川護熙は自由民主党との連立を考えていたが、小沢から首相就任を打診されたことで、非自民連立政権成立へと舵《かじ》を切った。「8頭立ての馬車」「ガラス細工の連立」などと揶揄されるなか、前代未聞の8党派連立という細川内閣が成立した。

要は、小沢一郎こそが戦後続いてきた自由民主党単独政権に終始符を打った立役者だったわけである。しかし、小沢の豪腕ぶりはこれに止まらない。

「小渕を殺したのは小沢だ」

細川内閣で幹事長を務めた武村正義は、官邸主導の政治を目論んでいた。だが、消費税に替わる「国民福祉税」構想を、武村に断ることなく発表した細川との関係が悪化すると同時に、小沢との関係も険悪化し、これに嫌気がさした細川は突然辞意を表明した。

細川の辞任を受けて、小沢は自由民主党の渡辺美智雄を取り込もうと画策したが、渡辺の体調不良も重なって頓挫《とんざ》し、連立与党は羽田を首班指名することで合意した。そして、解散総選挙がないまま成立したのが、在任期間64日という戦後2番目の短命政権、羽田内閣だった。

羽田内閣後、小沢は元首相の海部俊樹を羽田の後継者にしようとした。しかし、自由民主党が社会党委員長の村山富市を対立候補としたため、海部は自由民主党を離党し、連立与党の首班候補となったものの村山富市に敗れ、小沢は政治家として初めて野党の立場に下野した。

新生党内部からは、このときの小沢の対応のまずさを批判する声も上がったが、次に新党を結成するためには小沢の存在が欠かせないとして、小沢に対する責任追及は回避された。

平成6年（1994年）9月、日本共産党を除く野党国会議員による「新党準備会」が発足し、小沢が新党準備実行委員長に選出されて、小沢を中心に新しい党結成への動きが進んだ。同年12月に新進党の結成大会が行われ、海部が党首となり、小沢は党幹事長に就任している。

だが、新進党は発足当初から呉越同舟《ごえつどうしゅう》の弱みを露呈、自由民主党からの切り崩しも活発化した。小沢の手腕を持ってしても2大政党制どころか内輪もめばかりが目立ち、再びの政権奪取が遠のいていった。

党内では「小沢がいるからダメなんだ」という声が日に日に強まり、小沢は新進党を見限って新党結成に動く。平成10年（１９９８年）１月に自由党を結成して党首に就任。このとき、新聞やテレビは自由党に参加した議員が予想を下回ったため「小沢時代も終わった」と囃《はや》し立てたが、私の見方は違った。「何かを企んでいる」と。

その見方はほどなく、現実のものとなる。同年11月には自由民主党との連立政権について橋本龍太郎の退陣を受けて首相に就任した小渕恵三総裁と合意、世間をあっと言わせた。

翌年１月に自自連立政権が発足し、小沢は５年ぶりに与党への復帰を果たした。小沢は、蘇《よみがえ》ったのだ。しかし、小沢の影響力拡大を警戒した野中広務らによって極秘裏に創価学会に対する懐柔工作を活発化させ、同年10月、野党だった公明党が政権に入り、自自公連立政権が成立するに至った。小沢の影響力は確実に削がれた。

小沢に黙って進められた自自公連立に彼が怒りを爆発させるのに時間はかからなかった。

平成12年（２０００年）４月１日夜、小渕と長時間話し合った小沢は、連立離脱を通告した。このときのやりとりについて小沢は多くを語っていない。何しろ死人に口なし、何が語られたかは永遠に謎である。ただ、事実としていえることは大きなショックを受けたであろう小渕は、会談直後の記者団の質問に一瞬（長い一瞬だった）言葉が出てこなかった。旧首相官邸と棟続きにあった旧首相公邸に消えた小渕は、2度と再び記者たちの眼に触れることはなかった。脳梗塞を発症したのである。

このとき私は首相官邸詰め記者で、青木幹雄官房長官番を務めていたが、そんなことは知るよしもない。「小渕倒れる」の一報は、自民党幹部でもごく少人数にしか知らされず、厳重な箝口令《かんこうれい》が敷かれていたのだ。

小渕首相が倒れてから十数時間が過ぎていた4月2日夜、この日は日曜だったのだが、NHKの大河ドラマが始まる午後8時ちょうどに虫の知らせで麹町の参院議員宿舎に青木を訪ねた。

昼間に競馬で日頃当てたことのない高額配当馬券を的中させてしまったからだ。それまでも自民党が下野した総選挙の日も村山富市が突然の退陣表明をした前後もなぜか馬券が当たりまくり、馬券が当たれば政変が起こる、というジンクスを信じていたのである（ちなみに当てたのは中山10R湾岸ステークス、後藤浩輝騎手騎乗のタイカラムーンから枠連3点流しで8740円〈87・4倍〉ついた。3連単馬券のないこの時代、万馬券〈100倍以上〉なぞ滅多に出なかったのと、後に後藤騎手が非業の死を遂げたので今でも覚えている）。

しかし、議員宿舎の玄関ベルを押してもウンともスンとも答えがない（当時は議員個別の部屋のドアまで自由に行けた）。

おかしいなあ、と首をかしげてエレベーターで1階まで下り、宿舎の玄関を出ると、さっと身を隠す人影があった。誰かと思うと顔見知りの某社記者だった。ますます、おかしい、と私も待つことにしたのだが、それもそのはず。この時間までに青木主宰のいわゆる「5人組会議」が開かれ、小渕後継に森喜朗幹事長（当時）をあてることを決めていたのだ。

産経

小渕首相が緊急入院

体調不良訴え検査

与党幹部「心臓に障害」

順天堂医院

臨時代理 青木氏有力

病名「まだはっきりしてい

長期なら解散

この年の5月17日に亡くなった小渕（「産経新聞」平成12年4月3日）

結局、午後10時過ぎに首相官邸で青木による緊急記者会見が開かれて「小渕緊急入院」が公表された。小渕は意識の戻らぬまま闘病生活を続け、帰らぬ人となった。「小渕を殺したのは小沢だ」という声が永田町を駆け巡ったのは言うまでもない。

まったくの余談だが、小渕の遺骸《いがい》を乗せた霊柩車が首相官邸や国会をめぐった直後（だったと思う）に、永田町の空が一天にわかにかき曇り、激しい雨が降り、爆音と閃光《せんこう》とともに雷が落ちて国会の屋根が破損したとき、宗教とは縁遠い私でも霊魂の存在をほんの少しではあるが、信じた。

それでも蘇った小沢一郎

小渕恵三が無念の死を遂げ、後継首相の森喜朗が低支持率にあえぐなか、野党に再び転じた小沢は復権の道を探った。

だが、自民党は「自民党をぶっ壊す」と颯爽《さっそう》と総裁選に殴り込みをかけた小泉純一郎に救われた。小泉への熱狂ぶりは平成政治史の1つのピークであったろう。

小泉政権発足からしばらくの間、小沢の出る幕はまったくなかった。「小沢時代は終わった」と誰しもが思っていた。

それでも小沢は蘇ったのである。

平成15年（2003年）9月、圧倒的な小泉人気に危機感を抱いた野党第1党の民主党代表だった菅直人は、衆院選を前に小沢率いる自由党との合併に踏み切った。小沢は「一兵卒になる」と殊勝な言辞で無役となったが、民主党は同年11月の総選挙で40議席アップの177議席を獲得した。「小沢マジック」健在を誇示した彼は、代表代行となった。その後、幾多の曲折を経て平成18年4月、ついに民主党代表となるのである。翌年7月の参院選で勝利し、「衆参ねじれ」を実現させ、徹底的に与党を追い詰めた。

自民党は第1次安倍政権が、参院選敗北と安倍の体調不良であっけなく崩壊したのち、福田康夫政権も1年しかもたず、麻生太郎政権もリーマンショックの直撃を受け、しかも政権発足直後にわずかにあった解散総選挙の機をみすみす逸した。

次の総選挙では、民主党が勝利し、小沢が首相になる、と永田町の誰しもが想定していた平成21年（2009年）3月、西松建設事件が起こるのである。政治資金規正法違反で小沢の公設秘書が逮捕され、地元の小沢事務所も家宅捜索された。

2度目のチャンスで最も近づいた「小沢首相」誕生は、こうしてうたかたのように消えた。もちろん小沢サイドは「自民党政権による国策捜査だ」と騒いだが、結局、有罪が確定した。

西松事件終結後に実施された第45回衆議院議員総選挙で民主党は大勝し、朝日新聞や〝進歩的文化人〟が待ちに待った「政権交代」が実現したが、宰相の座を射止めたのは、鳩山由紀夫だった。

その後3年間の民主党政権による統治は、東日本大震災という平成史上最悪の大災害に見舞われたこともあって混迷に混迷を重ねた。もちろん、小沢は党内抗争の中心に位置し、ついに菅直人や野田佳彦らに敗れ去った。

東日本大震災が起きる少し前、平成23年（2011年）1月31日付の産経新聞『一筆多論』で私はこのように書いた。

小沢氏ほど、虚飾に彩られている現役政治家は、ほかに見当たらない。その最も大きな理由は、彼が首相になったことがないために「もし小沢さんが首相だったら…」「彼ならこうやったはずだ」という妄説が成り立つ余地が残っていることだ。

歴史にイフは許されないが、もし小沢氏が自民党時代に首相になっていたら、あるいは昨年の代表選（注・平成20年の民主党代表選。菅直人が勝利し、首相に就任した）に勝利していれば、「神話」はきれいさっぱり消えていたはずだ。

なぜ、そう断言できるかと言えば、彼は自己正当化のために平気で嘘をつくタイプの人間だからだ。

最近も週刊文春に「（新聞に）公開討論会で大いに議論しようじゃないか、と呼びかけているんですが、出てきたためしがない」（平成23年2月3日号）と語っているが、まったくの嘘である。私は４年近く政治部長を務めている。しかし、そんな呼びかけをしてもらったことは一度もない。逆にインタビューを何度も申し込んでも、応じてもらったためしもない。

挙げ句の果てには「旧体制を変えようとしている者は、既得権を奪うけしからん敵だとなって、何をやっても叩かれてしまうんです」（同）と、「政治とカネ」の問題をメディア批判にすり替えている。真実を嘘でごまかし、国会の場で自らの疑惑を晴らそうとしない政治家が、大事をなせるはずがない。

「幽霊の正体見たり枯れ尾花」ではないが、「小沢神話」は枯れ尾花（ススキ）に過ぎないのである。

この思いは８年後の今も変わらない。大震災発生からしばらく経ったあとでも、小沢は地元・岩手県に足を向けようとしなかった。

東北とは縁もゆかりもない何万人ものボランティアが被災地入りしたにもかかわらず、である。その翌年、民主党を脱党し、「国民の生活が第一」党を創設するが、往年の力を取り戻すことはなかった。

それから８年を経た今でもなお国民民主党代表の玉木雄一郎のような若い聡明《そうめい》な政治家

でも「小沢一郎」にすがろうとしたのは驚きである。いい加減、「小沢神話」を断ち切らないと野党は未来永劫、政権奪取はできないだろう。

政界を覆い続けた田中角栄の怨念

平成前～中期の権力争いの流れを振り返ってみて言えることは、時代が昭和から平成に移っても、田中角栄の怨念《おんねん》がずっと政界を覆い続けたことである。

なかでも、注目しなければならないのは、田中角栄を裏切る形で派閥を旗揚げした竹下登の存在だ。田中はロッキード事件で失脚したとはいえ、本気で返り咲きを狙っていた。このことがわかっていたので、竹下は田中派を離れ独立したわけだが、本人のまったく予期しない形で皇民党事件が起きた。

昭和62年（1987年）初頭、内閣総理大臣だった中曽根康弘の後継をめぐって、宮沢喜一、安倍晋太郎、竹下登の3人が次期自民党総裁の座を争っていた。

そうしたなか、田中角栄に叛旗を掲げる形で派閥を結成した竹下は許せないとして、まったくの無名の存在だった四国の右翼団体である日本皇民党が、竹下のイメージダウンを

総裁選出馬会見。左から竹下、安倍、宮沢（昭和62年10月8日）

狙い「日本一金儲《もう》けの上手い竹下さんを総理にしましょう」という言葉を連呼する、いわゆる「ほめ殺し」といわれる街頭宣伝活動を激しく展開した。

ことに激しくなったのは、同年5月21日、秋の自民党総裁選への決起集会として今はすっかり趣が変わった赤坂プリンスホテルで、国会議員120人を集めて開かれた「竹下登を励ます会」からだった。

自由民主党本部周辺を連日のように「竹下さんを総理にしましょう」と触れ回る皇民党の街宣車は、永田町名物となった。田中角栄は2年前に脳梗塞で倒れ、政治的影響力を完全に失っており、首謀者が角さんでないのは、ハッキリしていたが、誰が皇民党のバックにいるか当時の記者たちは知るよしもなかった。

その執拗《しつよう》さにあわてた竹下は、何とか自分のコネクションを使って街宣活動を静めようとしたが失敗に終わった。

われらがハマコーこと浜田幸一も〝自主的に〟仲介に乗り出した。なにしろハマコーさん、敗戦のショックでグレてしまい、「木更津のダニ」とまで陰口をたたかれていたのが、稲川会会長の稲川角二《かくじ》に鍛えられ、国会議員にまでなった立志伝中の人物である。

田舎の右翼団体とのもめ事なら任してくれ、と言ったかどうかは定かではないが、同年8月頃、高松市にある日本皇民党に単身乗り込んだ。ところが、やくざ映画のようには物事は進まない。皇民党総裁にも取り次いでもらえず、激昂《げっこう》した浜田が「お前らがやっていることは、ほめ殺しじゃないか」と捨て台詞《せりふ》を吐いたことから、「ほめ殺し」という言葉が広まったとか。

反社会勢力となじみのある、というより反社会勢力に育てられたハマコーですら子供の使い扱いされ、事態が一向に好転しないことに焦った金丸信と小沢一郎は、暴力団との関係の深さで知られていた東京佐川急便の渡辺広康社長に仲介を依頼した。

同社長が広域暴力団・稲川会会長の石井進に日本皇民党との仲介役を依頼することになり、稲川会と日本皇民党との話し合いによって、竹下が田中邸に謝罪に行くことを条件に、街宣活動をやめることで決着がついた。

そして、マスコミが大勢詰めかけるなか、謝罪のために竹下は小沢を伴って目白の田中邸を訪れたものの、長女の田中眞紀子に門前払いされて、竹下は大恥をかいた。その様子が全国津々浦々にテレビ放映され、街宣活動もぴたりとやんだ。

しかし、金丸と小沢がこの1件を処理しようとして、結果的に暴力団に仲介を依頼した事実は、その後の日本政治に大きな影を落とす結果を招いた。

サンケイ
夕刊
斉藤由貴
卒業
田中元首相が入院
軽い脳卒中起こす
3、4週間の入院必要
東京逓信病院
医師団発表
政局に影響も
"世代戦争"

入院した田中は以後政界へ復帰することはなかった(「サンケイ」昭和60年2月28日夕刊)

当時竹下が、日本皇民党の街宣活動にひるんで「中曽根から総裁を引き継ぐのは無理だ」と周辺にこぼした、と伝わっているが、放っておけば何ということはなかったはずの事件を暴力団の介入で大きくしてしまったうえに、東京佐川急便事件という1大スキャンダルを起こしてしまったのだ。

平成の政治に大混乱をきたすことになった源の皇民党事件こそが、平成政治史上、一番の分岐点になったと私はみている。

ハマコーの著書、『日本をダメにした九人の政治家』では次のように事件を総括している。

皇民党事件は、単に四国の小右翼が気に入らない一人の政治家にいやがらせをしたというような、単純なものではない。竹下さん、ないしその周辺の、あまりの狼狽《ろうばい》ぶりにも、それが端的に現れている。その根は、もっと深いところにあった。（中略）言い換えれば、竹下さんには、それだけの弱みがある、竹下さんがそうした暗部に深く関わっているということだ。とくに平和相互銀行関連では、いろいろなところに顔をのぞかせている。

竹下登もハマコーも泉下の人になった今となっては、元首相にどんな弱みがあったのか、確かめるすべはない。竹下が深く関与したとされる闇の紳士が暗躍した平和相銀事件もいまだ全容は解明されていない。ハマコーでさえ、ぼかした表現にするしかなかった「深い闇」がついこの間まで、いや今に至るまで永田町に存在しているかと思うと、その闇の深さに慄然《りつぜん》とせざるを得ない。

それにつけても脳梗塞で倒れた角栄の怨念が、皇民党というそれまでまったく無名の右翼団体の力を借りて、権力の頂点に立とうとした竹下の前に立ちはだかったといえば、オカルトめくが、人間の、しかも人一倍執念深い政治家の怨念ほど恐ろしいものはないことを、30年以上永田町で取材してきた私は肌で感じている。

東京佐川急便事件で、時代が変わった

東京佐川急便から自民党のドン、金丸信に提供された5億円のヤミ献金が発覚し、平成4年（1992年）10月に金丸が衆議院議員辞職に追い込まれた東京佐川急便事件は、政界を大混乱させ、政権交代を引き起こす原因をつくったという点では、ロッキード事件やリクルート事件を凌駕《りょうが》する大スキャンダルだった。

先に触れたとおり、皇民党事件がこの事件に直結している。事件そのものは、東京佐川急便からの巨額の資金流出に端を発している。

東京佐川急便の渡辺広康社長をはじめとする経営陣が、皇民党事件で借りをつくった指定暴力団の稲川会系企業ほかに対して、総額約5200億円に上る多額の融資や債務保証

を行い、その大半が回収不能となったのだ。

平成4年2月、東京地検は渡辺社長らを特別背任罪で起訴すると同時に、渡辺社長から5億円のヤミ献金を受け取った自由民主党副総裁・金丸信を政治資金規正法違反罪で略式起訴し、金丸は翌年3月、脱税容疑で逮捕、起訴された。

東京佐川急便事件の初公判に際して、検察側は冒頭陳述において、東京佐川急便社長・渡辺被告が稲川会・石井進会長へ巨額の債務保証を行った背景には、竹下政権成立時に起きた皇民党事件があったことを明らかにしている。

前項で述べたとおり、日本皇民党による竹下への「ほめ殺し」活動をやめさせようとして、金丸は東京佐川急便社長・渡辺を通じて稲川会・石井会長に解決を依頼し、皇民党事件は終わった。だが、その〝借り〟ができた金丸や竹下を、渡辺社長も石井会長も放っておかなかった。

政界に太いパイプができたのを後ろ盾に、稲川会系企業などへの多額の融資や債務保証が東京佐川急便によって行われたのである。

つまり、東京佐川急便事件は、政治家の弱みを裏社会が握ったことによって起きた事件であり、起訴された渡辺社長らに対する特別背任の総額が952億円に達していることを鑑みれば、金丸へのヤミ献金5億円など、渡辺社長らにしてみれば、ほんの手数料程度だったわけである。

皇民党事件は竹下政権誕生に暴力団が関与したことで、東京佐川急便事件の金丸に対する献金問題と併せて、金丸・竹下の責任問題が国会で大きな焦点になった。竹下は「万死に値する」と自ら道義的責任を認めつつも、一貫して関与を否定し、衆議院議員辞職については頑なに拒んだ。

金丸は献金問題によって自由民主党副総裁を辞任。竹下派の会長からも退き、同派は急速に求心力を失い、長年続いてきた田中・竹下派支配は終わりを告げることになる。

産經新聞

金丸前副総裁を逮捕

数億円の脱税容疑

自宅など十数カ所捜索　生原元秘書も

「佐川」の5億円は含まず

東京地検特捜部

不透明さ鮮明に

検察本来の姿に

金丸逮捕で竹下派は求心力を失う（「産経新聞」平成5年3月7日夕刊）

皇民党事件の収拾から東京佐川急便事件にかけての小沢の対応のまずさが、竹下派内からの批判を呼び、ついに竹下派は分裂することになり、羽田孜、渡部恒三、奥田敬和、小沢一郎らは自由民主党を離党して新生党を結成し、次いで細川連立政権誕生へと政界は大きく様変わりしていったのである。

竹下の罪深さは、傀儡政権を次々につくったことにある

田中角栄は、ロッキード事件を契機に自由民主党を離党し、政界の中央から退く形になったが、その後、無所属衆議院議員の地位を維持しつつ、派閥の領袖《りょうしゅう》である田中派を通じて政界に影響力を与え続け、大平正芳、鈴木善幸、中曽根康弘らが田中派の支持によって首相の座を獲得していることから、田中はマスコミから「闇将軍」と称された。

竹下は首相退陣後、田中角栄のこの〝手法〟をすっかり真似て、宇野宗佑、海部俊樹、宮沢喜一という3代の傀儡《かいらい》政権をつくり、その後の村山富市、橋下龍太郎、小渕恵三らの政権成立にも深く関与した。

私が産経新聞・政治部に配属されたのは、平成元年（1989年）6月1日のことで、竹下内閣が終わるときだった。首相官邸に番記者として詰めたばかりのせいもあったかもしれないが、首相最後の日の竹下氏の表情は、非常に淡々としていて落胆しているような感じは受けなかった。

そして、6月3日、外相だった宇野宗佑が第75代内閣総理大臣に任命されたわけだが、周知のとおり、宇野首相は女性問題によって、わずか69日間で退陣を表明するという超短命内閣に終わっている。

宇野内閣は新人でもわかる典型的な傀儡政権で、首相とはいえ人事にすら決定権はなく、すべては竹下、金丸にお伺いをしなければならなかった。具体的には、党のことは金丸、政策は竹下というのが実態だった。

間の悪いことに、不安定な政治状況のなか、急ごしらえでつくられた宇野内閣で、世界にとっても日本にとっても大きな出来事が起きてしまった。このことは、また追って詳しく書きたい。

次の第76代内閣総理大臣になったのが海部俊樹だが、これまた実態は同じだった。

海部さん（彼のことを書くとき、さん付けするのがしっくりくるので、例外的にさん付けさせていただく）の朝は早かった。首相秘書官の朝はさらに早かった。

当時、首相秘書官を務めていた某氏によると（さすがに今も実名は出せない）、海部さんは在任時、早朝に起きて新聞各紙の1～3面、政治面、経済面を細大漏らさず全部読んだ。事前に竹下、金丸の両御大に根回ししていない官邸や省庁の決定事項（これはほとんどなかったが）、あるいは、自分があずかり知らない霞が関や政局の動き（これは結構あった）があれば、新聞に赤線を引き、早朝からスタンバイしている首相秘書官を通じ、各省庁に問い合わせた。

朝、新聞を読んで問い合わせてくる両御大に、的確に即答せねばならなかったのである。正確に言えば、このとき金丸は視力が低下しており、小さな活字の新聞は読めず、新聞を読んだ取り巻きがご注進してきたのを問い合わせるぐらいで、ほとんどは竹下からの電話だったという。要するに竹下、金丸が知らないことが新聞に載っていること自体が一大事だったわけだ。

酷な言い方をすれば、海部さんは、真面目で弁の立つ（何しろ中央、早稲田両大学の雄弁会でならし、「海部の前に海部なし、海部の後に海部なし」とその弁舌ぶりを学生時代からたたえられていた）有能な〝雇われマネージャー〟だった。各社の若い番記者が音をあげるほど、土日の別なく、とにかく朝早くから夜遅くまでよく働いた。

事実上のオーナーである竹下、金丸両御大の受けも良く、苦戦必至とみられていた平成2年（1990年）の総選挙も自民党を勝利に導いた。

だが、好事魔多し。翌年10月、政治改革法案が自民党内の造反（三塚、渡辺、宮沢の非主流3派の海部降ろしが活発化していた）で廃案となり、与野党協議機関設置も拒否されて海部さんは、同月3日深夜、遂に衆院解散の腹を固めた。

これが最初で最後の海部さん自身の決断だった。

河本派（海部さんは河本派に属していた）を担当していた日頃クールな先輩記者が、「解散だ！　解散だ！」と興奮して記者会館に駆け込んできたさまを今も鮮明に覚えている。

夜が白々と明け始めた4日早朝から、各大臣に衆院解散総選挙に踏み切ることに理解を求める電話をかけまくった海部さんだったが、閣議開始15分前に金丸に電話を入れると「解散はダメだ」の一言で、あっけなくハシゴをはずされた。それまで海部さんの後ろ盾になってきた金丸の豹変《ひょうへん》ぶりの背後に、衆院解散総選挙で自民党が大勝した場合、海部政権が経世会離れをするのは必至とみた小沢一郎の意向があった、という説が有力だった。

あのとき、解散総選挙に踏み切っていたならば、自民党は圧勝し、海部さんは続投。自前の政権をつくって長期政権も夢ではなかったのだが……。

雇われマネージャーの〝独立劇〟は、一夜の夢と終わったのである。

その3年後、羽田孜内閣退陣後の政局で、小沢は「海部降ろし」騒動がなかったかのように海部さんを担ぎ出し、首相指名選挙で社会党委員長だった村山富市に僅差《きんさ》で敗れ去った。

後年、『政治とカネ・海部俊樹回想録』（新潮新書）で、海部さんは小沢について「彼が、社会全体を傷つけている罪は海よりも深い」と書いたが、「ようやく気付いてくれたか」というのが、元番記者の私の正直な感想である。

「ミッチー首相」をつぶした金丸夫人

海部政権が倒れると、今では信じがたいことだが、最大派閥であった経世会（竹下派）代表代行だった小沢が、総裁候補3人（宮沢喜一、三塚博、渡辺美智雄）を事務所に個別に呼んで面接し、経世会が推す候補を決める、という前代未聞の「小沢面接」が行われた。経世会が推す候補が、事実上、次の総理総裁になるということで「小沢は誰を推すのか」「竹下、金丸はどう判断するのか」をめぐって各社の取材合戦は熾烈《しれつ》を極めた。

もちろん、小沢、竹下、金丸が意中の候補を記者団にべらべらしゃべることはなかった。そこで政治取材でよく採られる手法だが、各社とも3人と近い政治家をしらみつぶしに回って情報をかき集め、最後は竹下、金丸にパイプのある記者が、サシ（1対1）で当たる方法が採られた。小沢は当時から気難しく、一部の番記者を除いてとてもサシで聞くことができない、と判断されていたからだ。

ほどなく、有力政治家から「三塚さんはいろいろスキャンダルの種を抱えているから無理だろう」という情報が寄せられ、宮沢か渡辺の２人に絞られたが、そこから先の確たる情報がない。

当時、渡辺派担当だった私もいろいろと聞いて回ったが、さっぱりわからない。ただ１人、渡辺派の事務総長だった山口敏夫だけが「ミッチー（渡辺美智雄）で決まりだよ」と自信ありげに断言していた。もちろん、この情報はすぐ平河キャップ（自由民主党担当記者の仕切り役）にあげたが、「そりゃ珍念（山口はなぜかこう呼ばれていた）のアドバルーンだよ。事務総長だからそれぐらい言うさ」と鼻であしらわれた。

もちろん、ポスト海部には、大方の予想どおり宮沢が選ばれ、キャップの判断は正しかったわけだが、実は「ミッチー首相」誕生まであと一歩まで迫っていたことがのちの取材でわかった。

小沢がミッチーを推し、竹下、金丸もいったんは了承していた、というのだ。理由は簡単で、経済政策などで共通点の多いミッチーのほうが宮沢より御しやすい、と考えたからだ。

宮沢より先んじて宏池会領袖となった大平正芳が田中角栄の盟友だったのに対し、宮沢は経世会と距離を置いていた。宮沢と大平が犬猿の仲だったのは、当時から永田町では有名な話で、英字紙をこれみよがしに議場で読んでいた宮沢にとって、角栄の直系であった竹下・金丸・小沢も「カネに頼る教養のない人間」としてバカにしていた風がある（そんな宮沢サイドもリクルート社から多額の未公開株をもらっていたのだが）。

そんな宮沢が政権を獲れば、遅かれ早かれ経世会離れをするだろう、というのが小沢サイドの読みだった。

小沢から「ミッチー有力」の情報を得た山口は、さっそく渡辺をつれて代沢の竹下邸に深夜、「最後の挨拶《あいさつ》」と称して訪ねた。竹下も明確な言質は与えなかったものの笑顔で応対したが、なんと竹下家が飼っている子犬が、ミッチーに小便をひっかけた。「これは、これは。犬までミッチー首相を歓迎してくれている」と山口が機転を利かせて一同大笑いになったという。

ところが、事態は一変する。竹下とミッチーらが談笑していたちょうどそのころ、元赤坂のマンションで、経世会会長だった金丸は、「明日の派閥総会でミッチーを経世会の推薦候補にするつもりだ」と悦子夫人に漏らしてしまったのだ。

これに猛妻で知られた夫人が激怒し、こうまくし立てたという。

「あんな下品な人はダメ、ダメ。そんな人を指名したらオトウサン（金丸）までバカにされるわよ。頭を下げてきたんだから宮沢さんでいいじゃないの」

このとき、金丸77歳。頭はしっかりしていたが、すでに老人性疾患が顕著になっており、三拝九拝して入籍させた15歳離れた後妻の悦子夫人に、朝から晩まで世話になっていたから頭が上がらない。

金丸は翌朝、小沢に電話を入れ、「宮沢でいく」と伝えた。仰天した小沢は翻意を促したが、あとの祭りだった。

夫人は、毎日、金丸邸に出入りして、身の回りの世話を焼いていたハマコーを予算委員長に推し、実現させたこともある〝陰の実力者〟だった。

その夫人が、平成３年の暮れ、ゴルフ場で倒れ急死する。金丸がその後、坂道を転がるように失脚したのは偶然にしてはできすぎの話である。

日本の首相を１人の女性が決めた時代があった。それは、経世会支配の知られざる一面でもある。

首相には不向きだった宮沢喜一

海部退陣のあと、満を持して宮沢喜一が政権を担うことになったが、宮沢もまた、横綱・大関級に匹敵する、平成衰退の主要な「戦犯」の1人と認定せざるを得ない。

当時、最大派閥であった経世会（竹下派）メンバーでない、宏池会の継承者である宮沢が、なぜ総理総裁になることができたのかといえば、すでに述べたとおり、小沢一郎が金丸信の強力な推薦を辞退した後、竹下派あげて宮沢を支持したからにほかならない。

宮沢内閣もまた宇野内閣、海部内閣とはやや事情が異なるが、竹下派の影響を強く受けた政権であったのは変わりない。

生前発行された『聞き書 宮澤喜一回顧録』（岩波書店刊）で、宮沢は「私の派の長老たちは、内閣さえできれば人事のことは全部あんたのほうに任せるよ、というようなことを竹下派のほうとやりとりしているわけですから、どうしても自前のことはできにくいわけですね」と、竹下派に人事権を握られて政権をスタートさせざるを得なかったことを正直に告白している。

宮沢は、東京帝国大学（現・東京大学）法学部の出身で、大蔵省に入省したエリート官僚出身であり、池田勇人《はやと》の秘書官を経て政界入りした。吉田茂以来の保守本流の路線を歩んできたという自負が非常に強く、プライドの高さを示すエピソードに事欠かない。

先輩の宏池会担当記者の話だから、本当かウソかはわからないが（昔の政治記者はちょっとした話を誇張して面白おかしくしゃべるのがうまかった）、官僚であろうと財界人であろうと、派閥担当の新聞記者であろうと、初対面の人物には必ず、「どちらのご卒業ですか」と聞くのが常だったという。

この場合の「どちらの」とは、官僚や名のある財界人なら東京大学を卒業していて当然だろうという前提で、法学部か経済学部、あるいは教養学部といった学部を尋ねているのである。担当替えで挨拶に来た記者が「早稲田大学です」と答えようものなら、プイと横を向いたという。

まあ、筆者は宏池会担当ではなかったので、出身大学を聞かれることもなかったが。次のようなエピソードも、永田町では流布していた。

東京農学校（現・東京農業大学）出身の金丸について「あの方は偉い方ですよ。大学を出ているんですね。知っていましたか」と言い、海部に対しては首相在任中に「海部さんは一生懸命おやりになっておられるけど、何しろ高校野球のピッチャーですからねぇ」と、私大出身であるのを揶揄したという。

そうした因縁もあって宮沢は、竹下派の領袖だった金丸の扱いに手こずった。金丸は宮沢を学歴をひけらかす鼻持ちならない人間だ、とひどく毛嫌いしていたからだ。

宮沢内閣の功績として、平成4年（1992年）6月のPKO協力法（国際連合平和維持活動等に対する協力に関する法律）成立をあげてもよいが、当初、宮沢はこの法案成立に極めて積極的だった、というわけではなかった。

ＰＫＯ協力法はもともと、平成2年（１９９０年）11月に当時自由民主党幹事長だった小沢の主導の下に、自衛隊をペルシャ湾に派遣することを目的に海部政権下で提出され、野党の反対によって廃案になった。

宮沢政権下で再び法案が審議されたものの、野党の抵抗で難航。宮沢は「それは国会のなさることですから」という〝迷言〟を吐いた。前述のように党や国会の人事をすべて竹下派に握られていたため、宮沢は本当に「蚊帳《かや》の外」だったのだ。その後、法案は修正され、野党の牛歩戦術に手こずりながらも平成3年（１９９１年）暮れにようやく成立した。

宮沢政権の最大の罪科は、バブル崩壊の処理を誤ったことである。

宮沢は株価が急落した平成4年夏、軽井沢で開かれた自民党のセミナーで挨拶し、銀行の不良債権処理に政府が公的資金を投入する考えを示した。これは、役所と相談したわけではなく、宮沢自身の考えだった。

しかし、政府の介入を嫌う銀行をはじめ経団連など財界がこぞって反対した。大蔵省も「いずれ下落した不動産価格も値上がりし、景気も持ち直すのでは」と楽観的だった。

宮沢はそのときのことを「回顧録」でこう振り返っている。

「あのときに何かやりようがあったかということを、これもあとになって聞かれるんですが、しかし考えてみると、それだけの状況が整っていないんです。私が気がついて問題を指摘してはいるものの、そうだ、そうだ、と言って、みんなでやろうというようなことにはならないというのが実情でございました」

つまり、宮沢は実行力のある政治家ではなく、問題を的確に指摘できる評論家に過ぎなかったわけである。あのとき、彼が「首相がやると言ったらやるんだ」と、リーダーシップを発揮して公的資金を注入していれば、のちに「失われた20年」とまでいわれた日本経済の長期低迷は、かなりの確率で回避されたはずである。彼は平成の「戦犯」ではなく、「救世主」になっていた、と私は思う。

もう1つ大きな罪科は、平成天皇の中国訪問を認めてしまったことにある。

平成4年（1992年）4月、訪日した中国共産党総書記、江沢民《こうたくみん》と会談した宮沢は、江沢民の天皇訪中要請に明確な返事をしなかった。

天安門事件後、日米欧が実施していた対中制裁を緩和するための要請だったことは宮沢も百も承知だったからだが、当時、自民党副総裁だった金丸は「決めるべきときは、ごちゃごちゃ言わずに早く決めたまえ」と、宮沢を叱責したという。

中国に太いパイプを持っていた竹下派に押し切られたのである。

田中角栄の政策秘書を23年間務めた早坂茂三は、『宰相の器』という自著のなかで、田中角栄が「彼（宮沢）は秘書官だ。秘書官としては一流だった。しかし、それだけだ。政治家ではない」と評したと書いている。この評価ほど彼の人物像を適確に表している言葉はない。田中の慧眼《けいがん》ぶりに改めて驚かされるが、宮沢は有能な官僚であって、トップリーダーである首相には不向きだった、としか言いようがない。

平成5年（1993年）の衆院選で敗北した宮沢は、さきがけなどとの連立を組めば、政権を維持できる可能性もあったのにすっぱりと退陣した。その後、世代交代を迫る首相、小泉純一郎の要請を受け入れる形で、平成15年（2003年）の総選挙への出馬を辞退、引退した。その4年後に死去したが、青山葬儀所で行われた葬儀は、白一色の祭壇に天皇皇后両陛下からの供花だけが飾られるという、いかにも宮沢好みの誇り高いものだった。

政治を変えた「政党助成法」

時の為政者の権力が強く、その力が長く続くほど政治が腐敗しやすい。これは古今東西変わらない話のようだ。わが国でも政官財の権力と利権が癒着することによって、明治時代以降、いくつもの疑獄事件が起きている。

こうした政界の腐敗が、政治への不信を呼び、軍部の台頭を許した側面は否めない。

そこで、さきの大戦が終了してから3年後の昭和23年（1948年）に、GHQの指導により金権腐敗政治を防止するための法律「政治資金規正法」が設けられ、政治団体および公職候補者には、経理内容の公開、選挙管理委員会への寄付支出の明細書提出などが義務付けられるようになった。一応、腐敗防止の形は整った。

しかし、戦後、自由民主党政権が長期にわたって続くなか、急ごしらえだった「政治資金規正法」の甘さもあって、法律の網を掻いくぐるかのように繰り返される政治家の汚職疑惑に、国民・マスコミからの非難が強まった。画期となったのは昭和49年（1974年）に発表された立花隆による『文藝春秋』誌上の「田中角栄研究～その金脈と人脈」という記事をきっかけとして、金権政治批判が一気に加熱した。

田中角栄のあとを引き継いだ三木武夫内閣は、金権政治批判が高まるなか、昭和50年（1975年）に寄付金額の制限、その額や会費の公開などを盛り込んだ改正法を制定したものの、規正が徹底することはなく、その後、政治資金の透明度を高めるための法改正が行われたのは、平成5年（1993年）に発足した細川護熙内閣になってからだった。

細川内閣は、企業団体からの政治献金は政治家個人の資金管理団体を1つに限定して年間50万円までとし、5万円以上は公開、派閥への献金は認めない、年1回の「政治資金収支報告書」の提出義務等々を盛り込んだ改正を行い、平成6年（1994年）3月4日にこの改正法が成立。同時に政党への公費助成についての「政党助成法」が制定され、この法制度がのちの政治のあり方を大きく変えることになった。

さらに、第2次小渕内閣のときの平成11年（1999年）12月に、「政治資金規正法」は改正されて、企業団体による献金は政党に限られ、政治家個人が、これを受け取ることが禁止された。

細川内閣以降、政界へのおカネの流れが、かなり制限されることになり、政治家は政党助成金、つまり政党交付金をあてにすることになった。政党でなければその配分はないし、無所属であれば当然、政党交付金を受け取ることはできないので、政治家の台所事情はかなりの部分、政党交付金、つまり税金に頼るようになった。

「政治資金規正法」の規正が行き届かなかった時代は、企業団体から政党・派閥・政治家個人への献金が潤沢にあり、有力政治家が取り巻きの記者連中とゴルフをしたり、料亭でドンチャン騒ぎをすることもあった。

派閥全盛時代においては「権力＝カネ」「清濁併せ呑む」という考えが当たり前だった。

いまは取り壊されて新しいビルに生まれ変わっているが、田中角栄、中曽根康弘など自由民主党の派閥の長が事務所を構えていた砂防会館（東京都千代田区平河町）の各事務所の金庫には、巨額の政治献金が保管されていたという。

小沢一郎の政策秘書を25年間務め、「小沢の影に高橋あり」と言われた高橋嘉信は、小沢の資金管理団体「陸山会」をめぐる西松建設事件を契機に小沢と袂《たもと》を分かち、以降、小沢の地元から衆議院選挙に立候補するなど、反小沢の行動を取った人物として知られている。

その彼が、平成４年（１９９２年）の経世会分裂の直前に砂防会館にあった事務所の金庫から、13億円を持ち出した、とかつて週刊文春で暴露している。いまだに事の信憑性《しんぴょうせい》は判然としないが、さもありなん。

時代は移って、政治資金規正法の強化で派閥は衰亡した。政党助成法によって、政党の体を成してなければ、政党交付金を受け取ることができないので、無理をしてでも政党をつくらなければならなくなった。

その端的な例が、小沢一郎による自由党（前身は「山本太郎となかまたち」）の結成である。

ちなみに、国会で政党と認められるための条件は、国会議員が５人以上いるか、国政選挙での得票数が全体の得票数の2％あるか、そのどちらかを満たしていなければならず、それ以外は政治団体となる。

政党をつくると政党交付金が分配され、条件付きとはいえ企業団体からの献金を受け取れるし、選挙期間中は選挙カーの台数、ポスターやビラの枚数を増やすことができて、政見放送を流すことも可能になる。

有権者に認知されない名も知れぬ小政党が次々とできては消え、消えてはできるのは、政党助成法のあだ花ともいえる。

それでも絶えない不祥事

「政治資金規正法」の改正、「政党助成法」によって政治資金団体の金庫に10億円もある時代は終わりを告げ、政治はクリーンになった、はずだった。派閥の機能は弱まり、所属議員の教育もおぼつかなくなったことも手伝って、不倫騒動、金銭トラブル、暴言などでマスコミを騒がせる議員が何人も登場し、彼らは「魔の2回生」と言われた。

産経新聞は平成29年（2017年）9月22日付の記事で、「魔の2回生」として、中川郁子・門《かど》博文・武藤貴也・宮崎謙介・務台俊介・中川俊直・大西英夫・豊田真由子の名前をあげており、なかでも豊田真由子の場合は周知のとおり、当時の秘書に対する「このハゲー」「ちーがーうーだーろー」などの暴言が特に強烈だったために、連日マスコミを賑わした。

では、なぜ以前は派閥で若手議員の教育ができたかというと、派閥の言うことを聞かないとポストが得られず、下手をすると派閥に集められた政治献金の分配にもありつけないからで、若手議員は先輩議員から「雑巾がけをしろ」と〝指導〟されるのが常だった。

雑巾がけとは、朝の各種部会に毎回出るとか、野党の御用聞きをして国会対策の手伝いなどをすることを言い、体育会系のごとく先輩が若手を鍛えるシステムが、自由民主党の各派閥内では自然にできていたわけだ。

先述したとおり、「政治資金規正法」には年1回の「政治資金収支報告書」の提出義務が盛り込まれているが、政治家個人の「政治活動費」にまつわる不祥事もまた、マスコミを賑わした。

「政治活動費」とは、政治団体の支出のうち、交際費などの組織活動費、公認推薦料などの選挙関係費、政治資金パーティーの開催事業費など、政治活動に要するおカネのことで、個人・企業・団体からの寄付、県支部を介した党からの交付金などを原資としており、「政治資金規正法」では、1件あたり5万円以上の支出について、支払先と日付の記載、領収書の添付が義務付けられている。

しかし、その領収書の内容がいい加減だったために、経産相を辞任せざるを得なくなったのが小渕優子だ。

彼女の資金管理団体が、「政治活動費」でベビー用品や化粧品、服飾品などを百貨店から購入していたことが週刊新潮に報じられ、後援会の観劇行事についての収支内容が不透明だったことも明るみに出て、平成26年（2014年）10月に経産相を辞任している。

一方、地方自治体においても政治資金をめぐる問題が頻発しており、都知事だった舛添要一が、海外出張費が高額だったこと、神奈川県湯河原の別荘の行き来に公用車を使用していたことなどが発覚し、公私混同疑惑の責任を取って平成28年（2016年）6月に辞職したのは記憶に新しい。

地方議員の場合、議員報酬とは別に調査研究の目的で「政務活動費」が支払われることになっており、地方自治体によってその限度額は異なるものの、交付された政務活動費を限度額まで使い切るために、特に年度末に不自然な支出が繰り返されてきた点は、以前から問題視されていた。

この「政務活動費」をめぐる事件としては、1年で195回の日帰り出張の交通費約3

00万円が問題視され、結局、合計913万円の「政務活動費」をだまし取ったとして逮捕され、実刑を受けた野々村竜太郎・兵庫県議会議員（当時）の釈明会見が思い出される。号泣しながら「縁もゆかりもない　西宮市民の　皆様に　選出されて　やっと　議員になったんですわ」などと、言い訳にならない言葉を並べ立てた姿は、政治家の劣化を雄弁に物語っていた。彼もまた、幕下付け出し級の「戦犯」に認定したい。

世襲政党になった自民党

現在の自民党議員を見渡してみると、2世、3世議員がやたらと目立つ。

安倍晋三の父親は外相を務め、宰相の座にあと一歩まで迫った安倍晋太郎であり、父方の祖父は衆議院議員だった安倍寛、母方の祖父は日米安保改定を断行した元首相・岸信介、大叔父の佐藤栄作も沖縄返還を成し遂げた首相だった。

副首相の麻生太郎の祖父は、言わずと知れた吉田茂。小泉純一郎元首相の祖父は「いれずみ大臣」の異名を持つ小泉又次郎で、父親は衆議院議員だった小泉純也、次男は次世代を担う政治家として期待されている小泉進次郎だ。

その他、福田赳夫・福田康夫は親子2代にわたって首相を務め、福田康夫の息子・福田達夫は衆議院議員。元都知事の石原慎太郎の2人の息子も衆議院議員、河野家も親子3代閣僚を務めるなど、2世、3世議員の例をあげていくと切りがない。

自民党出身の首相で、世襲議員でなかったのは、なんと平成3年に退陣した海部俊樹まで28年も遡らねばならない。

なぜこのような世襲がすっかり定着してしまったのかといえば、小選挙区制が保守系の新規参入者にとって厳しい制度であるからだ。世襲候補が、先代、あるいは先々代以来の後援会によって長年培われてきた票田をそっくり受け継ぐことができるのに比べ、新規参入者は、1からポスター貼りをするところから選挙運動をせざるを得ず、大きなハンディを背負う。有権者にしてみても、どこの誰かわからない新人よりも、なじみ深い名字の人物に票を入れやすいし、中曽根、福田といった「家」が一種のブランド化しているのも確かだ。

政党にしても新人を1から手間もカネもかけて育てるより、世襲議員が亡くなれば、議員の子供、子供がいないか小さければ夫人を擁立したほうが手っ取り早いし、当選も見込める。今も昔も「弔い合戦」ほど日本の選挙で効く戦術はないからだ。

世襲の恩恵で当選回数を重ねていく議員と数合わせ要員として立候補し「風」に乗って

運良く当選したものの次の選挙で落選してしまう「非世襲議員」の2極化が、小選挙区比例代表制が導入されて以降、定着してしまい、有望な「非世襲」議員が育たなくなっている。

例えば、平成17年（2005年）の「郵政選挙」で圧勝した自由民主党の当選者296人のうち83人が新人で「小泉チルドレン」と呼ばれた。

その主な顔ぶれを挙げると佐藤ゆかり（東京5区）、片山さつき（静岡7区）、稲田朋美（福井1区）、小野次郎（山梨3区）、赤沢亮正（鳥取2区）、小里泰弘（鹿児島4区）らで、猪口邦子（比例東京ブロック）は当選1回で少子化・男女共同参画担当相に抜擢されている。

だが、次の平成21年（2009年）の衆院選で、「小泉チルドレン」は壊滅的打撃を受けた。

前回の衆院選で当選した83人の新人の大半が落選したのである。小選挙区で再選したのは、稲田朋美、赤沢亮正、小里泰弘の3人だけで、比例代表で辛うじて当選した7人と合わせて再選者数は10人にとどまった。

落下傘で降りてくるように華やかに登場して、たまたまブームに乗って当選しても、ブームが去れば落選してしまう。この繰り返しだ。

「チルドレン」といわれる面々のなかにも地道に活動している議員もいるので全員とは言わないが、政治のことなぞほとんど勉強していないのに、当選した途端、反っくり返ってグリーン車に乗るような「成り上がり」の勘違い議員が少なくないおかげで、一見、無難にみえる世襲議員がますます増殖している。

今、永田町には、「世襲家出身でなければ、首相になれない」、かのような江戸時代の門閥制度さながらの空気が漂っている。

「門閥制度は親の敵でござる」と大喝した福沢諭吉の嘆きの声が聞こえてきそうだ。

第2章　浮かんで消えたバブルのような政治家たち

「平成の戦犯」西の横綱・河野洋平

「平成衰退の戦犯番付」があるならば、東の横綱が小沢一郎なら、西の横綱は、河野洋平をおいていないだろう。

小沢は、平成時代の長きにわたって内政に大きな厄災をもたらしたが、その点、河野洋平の政治家としての最盛期は短い。

いささかなりとも権力を握り、実際の日本政治に大きな役割を果たしたのは、昭和後期における新自由クラブの旗揚げを別にすれば（新自由クラブは、ロッキード事件などスキャンダルが度重なり、自民党に嫌気がさした都市部に居住するサラリーマンらの受け皿となったが、自民党が党勢を回復すると、たちまち人気がなくなり、消えていった）、宮沢喜一政権下で官房長官に就任した平成4年（1992年）12月から森喜朗内閣で外相を務め終えた平成13年（2001年）4月までわずか8年半足らずに過ぎない。

その間、首相になるチャンスは、自民党総裁時代（平成5～7年）にあった。

平成6年（1994年）6月、羽田孜内閣総辞職後の自社さ政権発足時と、翌年の参院選で社民党が敗北し、直後に党首で首相だった村山富市が河野らに辞意を漏らしたときの少なくとも2度あったが、いずれも逸してしまった。

再選を目指していた平成7年の自民党総裁選では、同じ宏池会のライバルだった加藤紘一が、総裁選出馬に意欲をみせていた橋本龍太郎支持にまわったため出馬を断念せざるを得ず、小沢同様、宰相の座に就かなかった（就くことができなかった、と言い換えてもいいが）。にもかかわらず、西の横綱たる〝実績〟をこの短い期間、特に宮沢政権から村山政権にかけての3年間につくってしまったのである。

●雪降りしきる深夜の妥協

彼の〝実績〟はあげればきりがない。宮沢政権が崩壊した直後の野党自民党総裁時代、細川護熙首相とのトップ会談で、自民党分裂を恐れるあまり、あっさり小選挙区制比例代表並立制を呑んだこともその1つだ。

圧倒的な支持率を背景に、政治改革の実現を旗印に発足した細川政権は、選挙制度をめぐる与野党交渉でも強気に出ており、とても自民党と妥協できるような雰囲気にはなかった。平成6年1月28日、夕刻から始まったトップ会談で、もし合意しなければ、自民党の若手議員の多くが離党する段取りがすでにできていたのは、廊下トンビよろしく現場でわけもわからず走り回っていた私も知っていたくらいなので、総裁の耳にも届いていたのは間違いない。

のちにわかったことだが、決裂の場合、小沢サイドは「細川退陣―自民党分裂―解散総選挙―新党結成による新政権樹立」の構想まで持っていたという。河野に「ノー」という選択肢はなかった。トップ会談で決着がついたのは、時計の針が29日午前零時を越えてからだった。そのとき、東京では珍しく雪が激しく降っていたことは、今でも鮮明に記憶に残っている。

では、なぜ現行の並立制がダメなのか。

選挙区ごとに1人の当選者を選ぶことによって安定政権をつくりやすい半面、死票が多くなる小選挙区制と、民意を比較的正確に反映できる代わりに1つの政党が単独過半数を占めにくく、政権が不安定になりやすい比例代表制というまったく考え方の違う2つの選挙制度を「足して2で割る」安易な方法でくっつけてしまったからである。しかも、小選挙区で負けても惜敗率が高ければ、比例代表で救われるという珍妙な救済策は、理屈がつかない。

1つの選挙区で3~5人（2人の場合もあった）の当選者を選んだかつての中選挙区制は、「カネがかかりすぎる」という無視できぬ欠点はあったが、政界への新規参入が今よ

日中外相会談。中国の外交部長の唐家璇と握手する河野（平成12年5月10日）

りは簡単で、同じ政党の候補者が切磋琢磨《せっさたくま》する競争原理も働いていた。

「政治家が小粒になった」との選挙民の嘆きの大きな原因は、ここにある。

首相の諮問機関である選挙制度審議会は、衆院への小選挙区比例代表並立制導入を答申した第8次を最後に30年近くも活動を停止したままだ。完全無欠の選挙制度など、この世には存在しない。令和という新時代到来を機に「第9次選挙制度審議会」を立ち上げ、選挙制度について国民的議論をすべきときがきている、と思う。

●北朝鮮に1200億円献上

話がまた横道にそれかかった。

河野は村山、小渕、森の三首相のもと

で、通算3年にわたって外相を務めた。「平和外交を実践した」と岩波書店には褒められているが、平成衰退の戦犯にふさわしい「実績」を積み重ねていったのが外相時代である。

なかでも平成12年（２０００年）の暮れ、拉致《らち》被害者家族らの切なる反対の声を押し切って金正日《キムジョンイル》体制下の北朝鮮に50万トンものコメを差し出したのも彼の外相時代の大きな〝実績〟である。

この年の6月、韓国の金大中《キムデジュン》大統領は平壌を訪問、金正日総書記と抱擁した。これで朝鮮半島情勢が一気に動く、と勘違いした河野外相と外務省は、拉致問題そっちのけで日朝国交正常化交渉推進に前のめりに突き進んだ。お土産は大量のコメである。コメの代金は、資産家の河野家が出したのならまだしも、国民の税金から出され、総額１２００億円に上った。このとき、世界食糧計画（ＷＦＰ）が各国に支援を要請した総量が19万５０００万トンだったから、その大盤振る舞いぶりがよくわかる。

このとき河野は、拉致被害者である横田めぐみさんの父、滋さんと面会し、「（拉致問題を）わきに置くわけではないが、コメ支援をしなければ日朝国交正常化交渉は止まってしまう」と釈明したという。結果はどうだったか。

脱北者によると、ＷＦＰを通じて各国から送られた緊急援助米のほとんどは、飢えた人民の口に入ることはなかったという。もちろん、拉致問題どころか国交正常化交渉も1ミリも動かなかった。

中国や北朝鮮に融和的であったクリントン政権が2000年末で終わり、翌年から共和党のブッシュ政権が登場するという国際情勢の変化を河野と外務省は、まったく読めなかったのである。

「国交正常化」という甘いえさを投げ、1200億円もの巨額資金に換算できるコメを得た北朝鮮は、ブッシュ政権下でも核開発をつつがなく継続できた。これまたもちろん、河野は一切の責任をとっていない。

●自社さ政権の汚点

村山内閣時代には、首相自らが発表した自虐史観に充ち満ちた「戦後50年談話」（平成7年8月15日）の発表を外相と兼務していた副総理としてサポートし、自民党総裁として党内の異論を封じ込めた（こういうときにはリーダーシップを発揮したのである）。

「戦後50年談話」のばかばかしさと情緒過剰さは、別掲（94〜97頁）の全文を御覧いただければ一目瞭然《いちもくりょうぜん》だが、ここでは1つだけ指摘しておこう。

談話は、先の大戦を「我が国は、遠くない過去の一時期、国策を誤り、戦争への道を歩んで国民を存亡の危機に陥れ、植民地支配と侵略によって、多くの国々、とりわけアジア諸国の人々に対して多大の損害と苦痛を与えました」と総括した。いわば、談話の肝である。

もちろん、こういった歴史認識を持つのは個人の自由であり、日本の「加害責任」を問うのもわからないでもない。しかし、これは個人の感想ではなく、「首相談話」という公的な文書である。談話に「国策を誤り」と戦前の政権を糾弾する文言がある以上、当然、政府として歴史的事象の検証や理論的裏付けを行ってのことだろうと考えて、首相官邸詰めの記者だった私はこう聞いた。

「『国策を誤り』とありますが、これだけ断定的に言われる以上は、どの内閣のどの政策が誤ったのかという認識があるかと思います。明確にお示しください」と（今と違って、30代だったころの私は、結構、丁寧なモノの言い方をしていたのが、当時の記録を見てわかった）。

さて、首相（というより自社さ政権）が「国策を誤った」政権と考えているのは、真珠湾攻撃を決断した東条内閣なのか、日中戦争が本格化したときの近衛内閣なのか、はたまた……、と想像していると、ご本人は、沈黙してしまった。

ようやく口を開いたかと思うと「戦後50年の節目の年に、当時のことを想起して参りま

平壌空港に到着した村山訪朝団。左が村山で右が野中広務（平成11年12月1日）

すと、やっぱり、今申したように、アジア近隣諸国、多くの国々において多大の損害と苦痛を与えてきたということの事実は、やっぱり、きちんと認識する必要があるという風に思いますから」と「やっぱり」を2度繰り返した。そのうえで、「どの時期とかいうようなことを断定的に申し上げることは適当でないのではないかという風に考えております」と答えるにとどまった。

「やっぱり」思ったとおりだった。村山談話は、政府内できっちりと歴史認識を統一し、史実を検証した末にできたものでは、まったくなく、首相個人が自らの歴史認識に基づいて謝罪したいがためにつくられたものだったのである。

前年に河野総裁以下、自民党が三拝九拝

して首相に担ぎ上げたものの、社会党がそれまで目の敵にしていた自衛隊どころか日米安保体制まで容認させられて党勢はガタガタ、阪神大震災では初動が大幅に遅れて、世論の指弾を浴び、首相の座に嫌気がさしていた村山に辞めさせるわけにはいかなかった。当時、自民党の党勢は戻っておらず、村山内閣が総辞職すれば、自社さ政権は崩壊の危機にあった。

もちろん、先の大戦を「侵略戦争」と認識している河野に異論のあろうはずはなく、「村山談話は、村山総理のリーダーシップと、連立を支える自社さ各政党の支持と協力によってもたらされた、きわめて貴重な、政治的な宝である」と自画自賛している。

●甘い、甘い。実に甘い

後世に禍根を残した村山談話以上に、現在まで（いや、未来永劫かもしれない）日本外交に消し去りがたい傷をつけてしまった談話がある。平成5年（1993年）8月4日、総選挙で敗れた宮沢内閣が総辞職する前日に発表された、慰安婦問題に関する「河野官房長官談話」である。

河野談話は別頁（97〜98頁）で全文を掲載しているので、参照していただきたいが、ここで少し慰安婦問題について振り返ってみたい。

溝口健二の名作「赤線地帯」という映画があるように、戦後の昭和30年代まで、売春は一定の条件下で公的に認められていた。ことに戦地の慰安所で働く女性は、家が貧しく、女衒《ぜげん》を介して売られてきた婦女子が大半であった。いくら給金が他の職場よりも破格だと言っても、厳しい境遇にあったのは間違いない。ことに戦後の韓国では、日本軍に協力した女性、という白い目で見られたのは想像に難くなく、元慰安婦の皆さんのこれまでのご苦労を思うと言葉もない。

しかし、そのことと「日本軍によって慰安婦に強制的にさせられた」というのとは、まったく次元の違う話である。朝鮮半島においては、今日に至るまで「強制連行」の証拠は何も出てきていない。そもそも「従軍慰安婦」という言葉自体、戦後の造語であり、「従軍記者」のように軍とともに行動したわけではない。

慰安婦問題をここまで大きくし、日韓関係をこじらせてしまった発端は、フェイクニュースを大々的に報じた朝日新聞にある。

朝日新聞は、昭和57年（１９８２年）９月、元山口県労務報国会下関支部動員部長と名乗っていた吉田清治の「済州島で若い女性２００人を狩り出した」との証言をなんの裏付けもなく掲載したのである。その後も「吉田証言」は、手を変え、品を変えて何度も朝日新聞に載り、翌年には「ひと」欄にまでとりあげた。

朝日が、吉田清治関連の記事16本を取り消したのは、初出から実に32年経ってからだった。遅きに失した、とはまさにこのことで、この「吉田証言」は韓国で大きな反響を呼んだばかりか、「事実」として世界的に拡散してしまい、「慰安婦イコール性奴隷」という誤ったイメージが定着してしまった。

そういったさなか、平成3年（1991年）12月に元慰安婦が日本政府に賠償と謝罪を求めて東京地裁に提訴、世論に押された韓国政府が慰安婦問題の実態究明を日本政府に求める事態となった。

悪いことは重なるもので、時の首相は宮沢喜一だった。宮沢は、大蔵省出身の自民党きってのインテリでならし、知識は豊富だったが、何事にも優柔不断で、政治的判断は〝リベラル〟に傾きがちだった。さっそく、当時の官房長官だった加藤紘一が大して調べもせずに「従軍慰安婦として筆舌に尽くしがたい辛苦をなめられた方々に対し、お詫びと反省の気持ちを申し上げたい」とする談話を発表したが、そんな程度で韓国政府が振り上げた拳をおろすはずはなかった。

その加藤のあとを継いで、官房長官に就任したのが河野である。河野は慰安婦問題に、「（慰安婦たちの）相手の真剣な訴えを『解決済み』だといって門前払いしてしまっていいのか。そのようなやり方がどのくらい国際社会で説得力を持つのか、という問題がある」

(『日本外交への直言　回想と提言』岩波書店刊)との熱い使命感で取り組んだ。

本来、内閣が総辞職すると決まれば、大きな課題には取り組まない、というのが次の政権へのエチケットであり、政治の世界の不文律である。それを内閣総辞職前日に談話を発表した事実だけでも政治家として常軌を逸している。

しかも、談話の中身が最悪だった。読みようによっては、軍による慰安婦の「強制連行」が朝鮮半島であたかもあったようにとられても仕方がない表現になっており、韓国側は今もそう解釈している。しかも、事実認定の基礎となった元慰安婦の証言については、検証作業も行われていなかったのがのちに明らかになる。

河野官房長官のもとで官房副長官を務め、事務方トップとして官邸を取り仕切っていた石原信雄は、平成26年(2014年)2月20日の衆院予算委員会で「河野談話」発表に至る過程がとりあげられた際、山田宏衆院議員(当時)の質問に対し、参考人として次のように証言している。少々長いが、問題の本質をかなり正直に語っているので紹介したい。

山田　「ふつう(元慰安婦の)一方的な証言だけで、(国の考え方を)形にしていくということは、非常に私は問題だと思っております。おそらく大きな政治的判断があって、多分韓国側からですね、当時こういった強制性というものを認めれば、韓国側は納得して、日韓関係もこれから未来志向でよくなるんじゃないか、そういった話が相手からもあって、また何らかの示唆があって、こういった文書がまとめられたんじゃないかと考えておりますけれども、そういったお話は、当時談話を作成するにあたって、内閣官房の中であったのでしょうか」

石原「韓国側が終始、彼女たちの中には意に反して慰安婦とされた者がいるんだと、そのことをぜひ認めてもらいたいということは再三言っておりました。それを証言の結果として、心証を元に河野談話を作成したわけでありますが、ご案内のように、その談話が出された後、韓国側は、これで過去の問題は、一応決着したという姿勢でありまして、韓国政府がこの問題を再び提起することは、しばらくありませんでした。（中略）作成過程で、意見のすりあわせというのは当然行われたと思いますけれども、私自身はタッチしておりませんので確認できません」

山田「いろいろな配慮が、当時私は善意だったと思いますよ。ある程度妥協すれば、日韓関係良くなってくれるんじゃないかと。ところが、強制連行、あるいは性奴隷、こういった言葉が世界に輸出され、それが碑文になって永遠に残る結果になっている。これだけ韓国側に配慮した結果、河野談話は韓国側に利用され、こんな事態に現在なっていると、わたしは言えると思います」

石原　「河野談話の起草に当たりましては、いわば、苦渋の選択として、慰安婦とされた人たちのヒアリングを行ったわけであります。その際に我々は韓国側に対して、客観的に過去の事実を話せる人を選んでくださいということで、責任をもってそういう人を選びますということで16人の方が選ばれて、ヒアリングを行い、その結果を踏まえて、河野談話になったわけでありますから、その16人にどういう問題があったかということは、我々は韓国側の善意を信頼してこの全体の作業が行われたわけでありまして、その前提にいろいろ問題があるという報道もなされておりますが、私どもは、その点はまったくそういう想定はしておりませんでしたことを申し上げたいと思います。河野談話によって、過去の問題は一応決着して、これからの日韓関係は未来志向でいきましょう、という話でとりまとめが行われたわけですから、そして当時は、それによって一応少なくとも韓国政府側はこの問題を再び提起することはなかったわけであります。しかし、最近に至って、韓国政府自身がこれを再び提起するという状況を見ておりまして、私は当時の日本政府の善意というものが活かされていないということで非常に残念に思っております」

つまり、韓国側から「強制性を少しでも認めてくれれば未来志向の日韓関係になる」と甘い言葉をかけられ、「韓国側の善意を信頼して」河野談話を発表した、というわけである。これは、石原個人の考え方ではない。首相だった宮沢喜一と、官房長官・河野洋平の共通した考え方だったのである。しかもこのとき、総選挙で大敗し、下野を決意せざるを得なかった宮沢は、茫然自失《ぼうぜんじしつ》の状態だった。後年、河野自身が朝鮮日報の取材に「私は信念をもって談話を発表した」と語っているように、談話発表は、河野主導でなされたのである。

甘い、甘い。実に甘い。河野談話の基層にある「○○の善意を信頼して」という考え方は、「平和を愛する諸国民の公正と信義に信頼して、われらの安全と生存を保持しようと決意した」との憲法前文そのものの「思想」に由来している。

もちろん、そんな甘い考えでは、生き馬の目を抜く国際社会では通用しない。韓国が今に至るまで繰り返し慰安婦問題を持ち出し、政権の求心力向上や外交カードに使っているのが何よりの証拠だ。

さすがにまずかった、と本人も感じていたのだろう。平成27年に岩波書店から出版した『日本外交への直言』のなかで「基本的な事実関係の認識と政府のとるべき立場として、なお順当なものであるように思う」と持って回った言い方で自己正当化するまで、「河野談話」に触れることはほとんどなかった。私も含めて産経新聞の記者が何度も慰安婦問題に関する取材を申し込んでもナシのつぶてだった。前出の衆院予算委員会にも出席を拒否した。

「私自身が発言することで、かえって批判派を刺激して、品位を欠いた発言が飛び出し、韓国をはじめとする国際社会との関係にまたマイナスの影響を与えてしまうという事態を避けたかったからである」（『日本外交への直言』より）と言い訳をしているが、逃げた、と言われても仕方がない。

河野談話は、終戦後、連合国軍総司令部（ＧＨＱ）の指導を忠実に実行に移した朝日新聞と岩波書店が中心になって日本人に刷り込み続けた「戦前の日本がやったことはすべて悪い」という歴史認識と、憲法前文が象徴する国際情勢への甘い考えによる「誤った使命感」があわさって世に出てしまった、といっても過言ではない。

韓国側は政権が代わるたびに慰安婦問題の決着を迫り、そのたびごとにゴールポストを動かし続けてきた。令和時代になっても同じだろう。その根源を軽はずみにつくってしまったのが、「河野談話」なのである。

●「河野家３代」の確執

さて、そんな河野の甘い考え方はどこに由来するのだろうか。

現行憲法を絶対視するメンタリティーは、昭和20年の終戦当時、感受性の強い年頃である小学生から中学生だった世代に極めて濃厚に出ている（河野は昭和12年生まれで、終戦時8歳）。何しろ、一夜で価値観が変わり、教科書を墨で塗って授業を受ければ、「戦前の考え方はすべてダメ」「軍隊は悪」という考え方が身に染みたのは想像に難くない。

しかも河野洋平には、父・一郎という高くそびえる壁が立ちはだかっていた。一郎は、戦後を代表する党人政治家で、朝日新聞出身。宰相の座を争うほどの実力者だったが、清濁併せのむ典型だった。何しろロッキード事件の主役であり、日本のフィクサーとまで呼ばれた児玉誉士夫から物心両面で全面的な支援を受けていたのである。

もちろん、敵も多かった。歴代首相の指南役を務めた戦前右翼の生き残りでもある四元《よつもと》義隆は、「ぼくは河野一郎が嫌いでね。若い頃なら叩き殺してやるよ。河野派の連中は、児玉を大先生と呼んでいる。みんな、カネをくれるから偉いと思っているんだ」と生前語っている。昭和38年（1963年）7月には、新築したばかりの自宅をのちに朝日新聞社内で自決した右翼の野村秋介に放火されたほど、右翼や今風に言えば「反社会的勢力」との関わり合いは深かった。

こうした父の姿を間近に見ていた洋平は、一郎に対し、ファーザーコンプレックスともいうべき複雑な感情を抱いていたようだ。父と子の確執といっていい。昭和40年（196

５年）７月、父・一郎の急死を受け、後援会に促されるかたちで昭和42年１月の総選挙に立候補し、〝世襲議員〟となるわけだが、彼の新自由クラブ時代を知る長老に聞くと「父親の話をされるのを何よりも嫌がった」という。

平成16年（２００４年）12月、日本経済新聞に１カ月にわたって連載された「私の履歴書」でも父親の事蹟に関する記述は少ない。自らが２世議員になったときを振り返って「子供の頃から政治家にはなりたくないという気持ちと、やってみたいという思いでずっと揺れ動いていたが、自分で結論を出す前に政治家へのレールが敷かれてしまった」と、揺れた真情をかいまみせている程度である。

初当選後、父親が旗を揚げた河野派の後継である中曽根派に籍を置いたが、領袖の中曽根康弘をはじめとして父同様、憲法改正を声高に主張する保守派が多かった。その雰囲気になじめず、「違和感はやむことなく」、ついに党を飛び出すことになる。もちろん、新自由クラブから自民党に出戻りしたときに再び中曽根派に所属する選択肢はなかった。

憲法に関しても改憲派の旗振り役だった父に対し、息子はリベラル色を鮮明にしていき、ついには護憲派の権化と化した。「大いなる反抗」といったところだが、宰相の座近くまで迫りながらも挫折したのは、父と同じでなんとも皮肉な結末となった。

はてさて、一郎の孫に当たる太郎はどうなるだろうか。

河野家の教育方針は、意外なものだった。河野家をよく知る人物に昔、聞いた話によると、「洋平君は優しいお父さんというタイプではなく、どちらかというと、ちゃぶ台をひっくり返す星一徹タイプだった」という。人間、見た目ではわからない。それに反発したのか、太郎はゴリゴリの護憲派には育たなかった。英語が堪能で、安全保障政策では、現実主義に立った日米安保重視派ではある。だが、仲間が少ないのは親譲りである。

令和時代、ポスト安倍を狙う1人に数えられてはいるが、「父親の影」をどう払拭《ふっしょく》できるのか。「親は親、子供は子供」とは本人の口癖ではあるが、そうはいかないのが、世襲王国・自由民主党の辛いところ。安倍晋三や麻生太郎、鳩山由紀夫がそうだったように、どうしても父や祖父と比べられてしまうのである（そしてまた、例外なく祖父にかなわない）。

「河野家3代」にわたる父と子の物語は、令和でもまだまだ続く。

●村山内閣総理大臣談話（いわゆる村山談話）　平成7年8月15日（外務省HPより）

「戦後50周年の終戦記念日にあたって」

先の大戦が終わりを告げてから、50年の歳月が流れました。今、あらためて、あの戦争によって犠牲となられた内外の多くの人々に思いを馳せるとき、万感胸に迫るものがあります。

敗戦後、日本は、あの焼け野原から、幾多の困難を乗りこえて、今日の平和と繁栄を築いてまいりました。このことは私たちの誇りであり、そのために注がれた国民の皆様１人１人の英知とたゆみない努力に、私は心から敬意の念を表わすものであります。ここに至るまで、米国をはじめ、世界の国々から寄せられた支援と協力に対し、あらためて深甚な謝意を表明いたします。また、アジア太平洋近隣諸国、米国、さらには欧州諸国との間に今日のような友好関係を築き上げるに至ったことを、心から喜びたいと思います。

平和で豊かな日本となった今日、私たちはややもすればこの平和の尊さ、有難さを忘れがちになります。私たちは過去のあやまちを２度と繰り返すことのないよう、戦争の悲惨さを若い世代に語り伝えていかなければなりません。とくに近隣諸国の人々と手を携えて、アジア太平洋地域ひいては世界の平和を確かなものとしていくためには、なによりも、これらの諸国との間に深い理解と信頼にもとづいた関係を培っていくことが不可欠と考えます。政府は、この考えにもとづき、特に近現代における日本と近隣アジア諸国との関係にかかわる歴史研究を支援し、各国との交流の飛躍的な拡大をはかるために、この２つを柱とした平和友好交流事業を展開しております。また、現在取り組んでいる戦後処理問題についても、わが国とこれらの国々との信頼関係を一層強化するため、私は、ひき続き誠実に対応してまいります。

いま、戦後50周年の節目に当たり、われわれが銘記すべきことは、来し方を訪ねて歴史の教訓に学び、未来を望んで、人類社会の平和と繁栄への道を誤らないことであります。

わが国は、遠くない過去の一時期、国策を誤り、戦争への道を歩んで国民を存亡の危機に陥れ、植民地支配と侵略によって、多くの国々、とりわけアジア諸国の人々に対して多大の損害と苦痛を与えました。私は、未来に誤ち無からしめんとするが故に、疑うべくもないこの歴史の事実を謙虚に受け止め、ここにあらためて痛切な反省の意を表し、心からのお詫びの気持ちを表明いたします。また、この歴史がもたらした内外すべての犠牲者に深い哀悼の念を捧げます。

敗戦の日から50周年を迎えた今日、わが国は、深い反省に立ちに、独善的なナショナリズムを排し、責任ある国際社会の一員として国際協調を促進し、それを通じて、平和の理念と民主主義とを押し広めていかなければなりません。同時に、わが国は、唯一の被爆国としての体験を踏まえて、核兵器の究極の廃絶を目指し、核不拡散体制の強化など、国際的な軍縮を積極的に推進していくことが肝要であります。これこそ、過去に対するつぐないとなり、犠牲となられた方々の御霊を鎮めるゆえんとなると、私は信じております。

「杖《よ》るは信《しん》に如《し》くは莫《な》し」と申します。この記念すべき時に当たり、信義を施政の根幹とすることを内外に表明し、私の誓いの言葉といたします。

●慰安婦関係調査結果発表に関する河野内閣官房長官談話（いわゆる河野談話）平成5年8月4日（外務省HPより）

いわゆる従軍慰安婦問題については、政府は、一昨年12月より、調査を進めて来たが、今般その結果がまとまったので発表することとした。

今次調査の結果、長期に、かつ広範な地域にわたって慰安所が設置され、数多くの慰安婦が存在したことが認められた。慰安所は、当時の軍当局の要請により設営されたものであり、慰安所の設置、管理及び慰安婦の移送については、旧日本軍が直接あるいは間接にこれに関与した。

慰安婦の募集については、軍の要請を受けた業者が主としてこれに当たったが、その場合も、甘言、強圧による等、本人たちの意思に反して集められた事例が数多くあり、更に、官憲等が直接これに加担したこともあったことが明らかになった。また、慰安所における生活は、強制的な状況の下での痛ましいものであった。

なお、戦地に移送された慰安婦の出身地については、日本を別とすれば、朝鮮半島が大きな比重を占めていたが、当時の朝鮮半島は我が国の統治下にあり、その募集、移送、管理等も、甘言、強圧による等、総じて本人たちの意思に反して行われた。

いずれにしても、本件は、当時の軍の関与の下に、多数の女性の名誉と尊厳を深く傷つけた問題である。政府は、この機会に、改めて、その出身地のいかんを問わず、いわゆる従軍慰安婦として数多の苦痛を経験され、心身にわたり癒しがたい傷を負われたすべての方々に対し心からお詫びと反省の気持ちを申し上げる。また、そのような気持ちを我が国としてどのように表すかということについては、有識者のご意見なども徴しつつ、今後とも真剣に検討すべきものと考える。

われわれはこのような歴史の真実を回避することなく、むしろこれを歴史の教訓として直視していきたい。われわれは、歴史研究、歴史教育を通じて、このような問題を永く記憶にとどめ、同じ過ちを決して繰り返さないという固い決意を改めて表明する。

なお、本問題については、本邦において訴訟が提起されており、また、国際的にも関心が寄せられており、政府としても、今後とも、民間の研究を含め、十分に関心を払って参りたい。

天は二物を与えなかった鳩山由紀夫

「平成衰退の戦犯番付」で小沢、河野の両横綱を紹介したが、大関陣も錚々《そうそう》たるメンバーがそろっている。ある意味、ホンモノの大相撲よりも層が厚く、実力派ぞろい。力量もほとんど差がない。

なかでも民主党政権下で宰相の座に就いた鳩山由紀夫、菅直人の両元首相は、横綱にまで昇進できる力の持ち主ではある。ただ、両者とも首相在任期間は短く（鳩山内閣に至っては、9カ月弱しか持たなかった）、両横綱よりも政治家としての全盛期が極端に短かったのが、惜しまれる。といっても国民にとっては不幸中の幸いだったが。

両元首相に共通なのは、ご本人の「主観」では、悪意というモノが、ほとんどなかったことである。

ことに鳩山元首相に至っては、「友愛」を絵に描いたような人物である。祖父の鳩山一郎が唱えた「友愛」精神を継承して、各社の記者とも分け隔てなく付き合い、民主党や彼の悪口ばかり書いていた産経新聞の記者ともよく付き合ってくれた。

私も政治部長を務めていたとき、彼が首相になる前の民主党幹部時代に、国会近くのビルの広い会議室（鳩山事務所が借りていた）で開かれていた鳩山グループの定例昼食会に呼ばれ、民主党にとって耳の痛い話を率直にしゃべったことがある。それでもニコニコして聴いてくれ、帰りには「講演料」を渡してくれようとしてくれたほどである（さすがにマズい、と思って辞退したが、「講演料」を入れた封筒がぶ厚く見えただけに、もらっとけば良かった、とひどく後悔したのを覚えている）。

政治家としては珍しく、東大工学部卒後、米スタンフォード大学で学んだ生粋の理系で、IQも高かったという。宇宙理論にも詳しく、のちに宇宙人と称されたのも偶然ではないだろう。もし、学問の道に進んでいたならば、立派な科学者として世のため、人のために役立つ仕事をしたことだろう。ノーベル賞だって夢ではなかった、と思う。

ところが、鳩山家の血がそうさせたのか、はたまた幼少の頃から「総理大臣を目指す」と宣言していた弟の邦夫に触発されたのか、ある日突然、政治家を目指してしまう。そしてまた鳩山家には、彼の母親のおかげで、兄弟が選挙を何度やっても枯渇することのないカネがうなっていたのも良くなかった（当時、「子供手当」と揶揄されたが）。

残念ながら、政治家は、彼の天職ではなかった。

天は二物を与えず、とはよくいったもので、政治家として、また首相として、功績は何一つと残しておらず、世のなかに害毒のみを流してしまった。いや、今も流し続けている。

なぜIQ（知能指数）の高い人間が、政治という仕事においては、何一つ実績をつくれず、ものの見事に失敗してしまうのか。この理論を証明できれば、ノーベル賞ものだが、それは暇をもてあましているご本人にお任せしよう。

●噴飯物だった「いのちを、守りたい」

政治家の命ともいうべき演説が、まったくお話にならないほど下手だった、というわけではなかった。平成21年（2009年）の衆院選投票日前夜の8月29日夜、民主党代表として臨んだ池袋駅西口での「最後のお願い」は、記憶に残っている。

「私たちは堂々とマニフェスト（政権公約）への理解を深めていただきたい、と訴え続けてきた。明治以来続いている官僚主導の政治、官僚任せの政治の極めつけが後期高齢者医療制度だ。皆さんや皆さんのお子さんたちに、8月30日から日本の政治が変わったと理解していただくときが必ずくると確信している」とぶって、聴衆を熱狂させた。池袋西口は、「革命前夜」という雰囲気に充ち満ちていた。

同時刻、東口では、小池百合子（当時は自民党だった！）応援のため池袋入りしていた首相だった麻生太郎が、「小沢さんというたった1人の人間で意見が変わる独裁的な政党に日本の政権はゆだねられない」と声を張り上げていたが、熱気は西口に遠く及ばなかった。

選挙の結果を占うには世論調査が最も重要なツールであるが、政治記者として基本中の基本は、候補者の街頭演説に出向いて、聴衆がどう反応しているのか、をじっくり観察することである。何度も足を運べば、たとえ聴衆が歩道を埋め、拍手も盛大だったとしても後援会や労組など支援団体に動員されてきた人が大多数の場合は、すぐわかる。

数値には反映しにくいのだが、熱気が乏しいのである。聴衆の視線も周囲の建物や腕時計に目が行ったりして、定まらない（腕時計を見るという行為は、早く終わらないかなぁという無意識の意思表示である）。逆に、演説の初めは人が少なくても、候補者本人が演説するときに黒山の人だかりになれば、勝ったも同然である。

平成の30年余、選挙戦で数々の街頭演説を観察してきたが、最も人々のエネルギーを感じたのは、やはり平成17年（2005年）夏、「郵政解散」時の小泉演説だった。あのときの小泉純一郎の演説は単純明快、どこへ行っても同じ。

連日30度を超す猛暑のなか、小泉が「改革を止めるな！」と叫ぶと、「そのとおり！」と聴衆が応じ、地鳴りのような拍手が行く先々で巻き起こった。記者団は、街頭演説を取材するとき、候補者や応援弁士が乗っている街宣車の近くに陣取るのが通例だが、よほど早く現地に着かないと街宣車に近づくことすらできなかった。

鳩山演説を聴いていた人々の反応は、小泉演説が巻き起こした熱い「烈風」に比べれば、いささかクールではあったが、最近、国政選挙戦最終日の恒例となっている秋葉原での安倍晋三演説よりも熱気があった。

その勢いのまま、衆院選に圧勝し、政権交代を実現させるまでが、民主党にとっても鳩山にとっても絶頂期であった。産経新聞を除く、朝日新聞や民放をはじめマスコミ各社（もちろん、ＮＨＫも）は、手放しで政権交代を絶賛していた。

麻生太郎政権発足直後に唯一あった衆院解散総選挙のチャンスを自民党が見逃したとき、政治部長だった私は、政権交代必至とみて取材班を編成して「民主党解剖」という連載企画をスタートさせた。幸い、反響も大きく、単行本にもなってそこそこは売れた。

「民主党解剖」の趣旨は、一言でいうと、政権運営のノウハウどころか確固たる国家観を持たず、安全保障政策でも定見のない民主党が政権を奪取すれば、とんでもないことになる、という警鐘だったのだが、蟷螂《とうろう》の斧《おの》に過ぎなかった。圧倒的多数の有権者は、自民党政権に「ノー」を突きつけ、政権交代の道を選んだのである。

世論の強い支持を受け、首相に就任した鳩山本人の感覚でいえば、「政官癒着の自民党腐敗政治と官僚主導政治を打破し、真の民主主義政治を実行する」という強い信念を抱いて国政にあたろうとしていたのは確かである。

だが、「民主党解剖」で予言したとおり、民主党政権は序盤から躓《つまず》いた。鳩山が首相としてやることなすこと、ことごとく失敗に終わった。経験が皆無だった、というわけではない。鳩山は短期間ではあっても細川政権で、出世の登竜門である官房副長官を務めた経験があった。しかし、その経験がいかされることは一切なかった。

スピーチライターとして起用した劇作家・平田オリザが手をいれたことで、話題になった平成22年（2010年）1月の施政方針演説も噴飯物だった。

「いのちを、守りたい。いのちを守りたい、と願うのです」と甲高い新劇風の台詞で始まった演説は、野党席からの激しいヤジで議場内の記者席では、ほとんど聞き取れなかった。正直、「命を守りたければ、自衛隊か消防署に入ればいいのに」と思った。

皮肉なことに、翌年3月11日、東日本大震災が起こり、民主党政権は多くの命を守れなかった。そのとき、鳩山が宰相の椅子に座っていなかったのは、せめてもの救いであった。とはいえ、後継宰相となった菅直人は、鳩山とは違った意味で大暴走することになるのだが。

●見苦しい言動、自分勝手なふるまいの数々

何しろ鳩山には、国家の命運を背負う首相が本来持っているべき、確固たる国家観やリアリズムに徹した安全保障観が、まったく欠如していたのである。

もちろん、ご本人にも彼なりの深遠な（？）信念があった。

友愛の精神でほかの国々と接すれば、相手も友愛精神で応えてくれ、戦争のない平和な世界が構築できる、と本気で信じ込んでいたのである。

米軍普天間飛行場移設問題が、ここまでこじれたのは、友愛精神を発揮して「最低でも県外」と首相時代の鳩山が、普天間基地を沖縄県以外に移設すると宣言したことに大半の責任がある。

綸言汗《りんげん》のごとし。首相の言葉を信じた沖縄の人々は、その言葉が何の裏付けもなく発せられたことがわかったとき、より一層、政府に対する不信感を強めた。しかも一国の宰相が、オバマ米大統領に、これまた友愛精神たっぷりに「トラストミー（私を信じて）」と口走ったのは、悲劇を通り越して喜劇であった。むろんオバマは、鳩山を１ミリも信用しなかったのだが。

それでも彼の友愛精神は、隣国である中国、韓国に遺憾なく発揮された。それは、首相

退任後、ますます加速している。

なかでも平成27年（2015年）8月、戦前、日本の朝鮮半島統治時代に独立活動家が収監されていたソウルの西大門刑務所跡地を訪れ、独立活動家らを偲《しの》ぶ記念碑に靴を脱いで跪《ひざまず》いた姿には唖然とさせられた。ご本人は「独立運動家らをここに収容し、拷問という酷い刑を与え命を奪ったことを聞き、心から申し訳なく思う」と謝罪したが、それで韓国の国民感情が癒やされた、わけではなかった。

こうした自分勝手なふるまいの数々に、日本国内では、心ある人たちから相手にされなく（かつての部下であった立憲民主党や国民民主党の幹部たちも寄りつこうとしない）なったためか、ますます、中国や韓国の歓心を買おうとして見苦しい言動を繰り返している。

最近も中国が推進している「一帯一路」政策を盛り立てるため開かれた第2回「『一帯一路』国際協力サミットフォーラム」に招かれて訪中し、ご当地のテレビ局の取材に中国国家主席の習近平礼賛を繰り返したのである。

その内容があまりにもバカバカしいのでちょっと採録してみる。

「習近平主席は2年前に開催されたサミットの中で、『一帯一路』構想の最大の目的は平和構築だと話された。地域のインフラ整備を整えていることで隣国間のコネクティビティを高め、人的・物的な連携が増え、信頼関係の増進と経済の繁栄につながる。この理念は大いに評価するべきだ」

ヨイショ、の見本のような発言である。これがヨイショではなく、本気で中華帝国主義丸出しの「一帯一路」構想を「平和構築の理念」による政策だと思っているのなら、ＩＱが高いだけのホンモノのバカであり、国賊であり、売国奴である（筆者は、バカとか国賊とか売国奴といった単語は大嫌いなのだが、この場合、読者に誤解を与えたくないのでハッキリと書かざるを得ない）。

元首相の目には、彼が勝手に深い友愛の情を抱いている習近平が、新疆《しんきょう》ウイグル自治区で進めている民族浄化政策も、チベットでの長年にわたる宗教弾圧も、北京や上海で日々酷くなっている言論弾圧も何もかも見えていないのである。

こういった人物を短期間とはいえ、日本国の首相にしてしまった有権者の罪は、あまりにも大きかった。

中国漁船衝突事件で、あっさり馬脚を現した菅直人

鳩山政権が９カ月も持たずにあっけなく崩壊し、民主党内の党首選挙で、小沢一郎を破

ってあとを継いだのが菅直人である。

菅直人ご本人は、宿敵・小沢を下して念願の宰相の座を射止め、やる気満々だった。日本を自分のやり方で良くしたい（本当に大きなお世話だったが）という理想に燃え、政権をスタートさせた。

しかし、世のなかそんなに甘くない。政権発足から間もない平成22年（2010年）9月に起きた尖閣諸島沖での中国漁船衝突事件で、あっさり馬脚が現れてしまった。

事件は尖閣諸島沖の日本領海内で起きた。違法操業していた中国漁船が、海上保安庁の警告を無視して操業を続け、あげくのはてには巡視船に体当たりして逃走しようとしたところを拿捕《だほ》された〝事件〟なのだが、海上保安庁が苦労して捕まえた船長を、那覇地方検察庁は「日中関係を考慮して」処分保留のうえ、釈放してしまったのである。

もちろん、出先の地方検察庁にそんな高度な政治判断ができるわけがない。

中国の強硬な脅しと報復措置（当時は貴重だったレアアースの対日輸出を事実上停止させたのをはじめ、さまざまな嫌がらせをした）にあっさりと屈したのである。ちょうどそのとき外遊中の首相に代わって官邸を取り仕切っていたのは、官房長官、仙谷由人である。彼は閣内の反対を押し切って〝超法規的措置〟を決断したのだが、最終的に決断したのは、もちろん菅直人である。

中国におもねった事後処理は、法制度を無視しただけでなく、とても独立国とは思えないものであった。後日、官邸の腰抜けぶりに憤激した海上保安庁の現職職員が、事件のビデオ映像を流出させるという、前代未聞の無政府状態ともいえる事態を招いたのも自業自得である。事実、政府どころか官邸内さえもそれを掌握できていなかった。

●最悪だった震災発生翌朝に敢行した福島第1原発の視察

その半年後に起きた東日本大震災では、さらに明確な形になって日本国民に惨禍がもたらされた。

菅直人本人は、未曾有の福島第1原発事故に全力で対応にあたった。しかし、これはあくまで彼本人の「主観」に過ぎない。後日、取り巻きの「文化人」に「菅直人が日本を救った」とおだてられ、著書や講演で自らの行動を正当化しているが、とんでもない。

客観的に振り返れば、大震災とそれに伴う大津波によってもたらされた被害の大きさに狼狽《ろうばい》し、東京電力福島第1原発の惨状に我を忘れ、自ら迷走してしまったのである。

歌人の長谷川櫂は、「かかるとき　かかる首相を　いただきて　かかる目に遭ふ　日本の不幸」と詠んだが、まさにそのとおりであった。

地震発生直後における首相官邸の大混乱ぶりは、首相補佐官だった寺田学が自らのウェブサイトにかなり正確に書き残しているので参照願いたいが、首相を深く理解し、彼の行動を弁護してきた最側近でさえ、原発事故の現場という修羅場中の修羅場で、あたり構わず怒鳴り散らした〝イラ菅〟ぶりにあきれている。寺田自身も震災直後のドタバタの最中、菅直人が閣外で活躍していた某有力議員を副大臣か、すくなくとも首相補佐官に抜擢《ばってき》しようと画策したため、何の落ち度もないのに補佐官を〝解任〟されてしまうのだが……。

震災直後の菅首相の失態ぶりは、阪神大震災で自衛隊の出動が大幅に遅れた事実を国会で追及された際、「なにぶん、初めてなもので」と正直に謝った村山富市首相の大失敗をはるかに上回る。

一点、彼のために弁護すれば、「福島原発が危ない」という菅直人の直感は正しかった。東京電力が地震発生の時刻に会長、社長とも東京を不在（これについては後述する）にしていて、命令系統がズタズタになり、原子力行政を担っていた保安庁の首脳陣が、そろいもそろって原発に「無知」で、有効な対策を打ち出せず、首相のご下問にもしどろもどろになって満足に答えられなかったのも確かである。

だが、国家危急存亡のとき、首相として何を為すべきか、という心構えもなく、訓練もできていなかったため、というよりは、危機管理能力がゼロだったため、イライラを隠そうともせず、判断を誤り、見当違いの指示を連発したのである。

最悪だったのは、震災発生翌朝に敢行した福島第1原発の視察である。

何しろ首相自ら「メルトダウンは、俺が陣頭指揮で防ぐ」とばかりに、福島第1原発に自衛隊のヘリ「スーパーピューマ」に乗って（しかもその一部始終をテレビ局ではなく、元TBSアナウンサーで内閣広報室所属の内閣審議官だった下村健一にビデオに撮らせていた。テレビ局のカメラマンだと自分に都合の悪いところまで撮影されると判断したのだろう）、現場の混乱に拍車をかけてしまった。ただでさえ電源が停止し、敷地内の放射線量が急上昇して1分1秒を争う極限状態にある現場に首相がやってきたら、どうなるかは政治家でなくとも普通の判断力があれば、わかったはず。

しかもやったことといえば、「なぜ、ベントができないんだ」と第1原発の吉田昌郎所長（故人）らを怒鳴っただけ。懸命に働く現場所員への差し入れの1つもなかったという。もちろん、首相の側近たる官房長官・枝野幸男は、身を挺しても菅直人を震災翌日に福島第1原発に行かせてはならなかった。

大震災発生翌日の早朝、原発事故のみならず、首相官邸がやるべきことはヤマほどあったからだ。そんな貴重な時間を無駄に使って、官邸を留守にしたばかりか、視察後も津波の被災者はほったらかしで、記憶に残っているのは、「セカンドオピニオン」と称して有象無象の「原子力の専門家」を片っ端から官邸に集めて意見を聞くのに熱中したことくらい。そのほとんどが役に立たなかったのは言うまでもない。

この光景は、震災から5年後に公開され、大ヒットした映画『シン・ゴジラ』で、首相が有識者を何人も官邸に呼んでゴジラ対策を聞いたのちに、「時間の無駄だったな」とつぶやかせるワンシーンに活かされている。ちなみに『シン・ゴジラ』は民主党政権の中枢にいた人物が脚本づくりに協力した。

『シン・ゴジラ』では、ゴジラの東京侵入になすすべのなかった首相が、官邸を放棄して自衛隊ヘリに乗り込んだとたんに、ゴジラの発する放射能光線でヘリが炎上、亡くなる。その後、生き残った官房副長官や補佐官が中心となって暫定政権を支え、ゴジラ封じ込めに成功するのだが、あのときもし首相がいなかったら……、という「イフ・ストーリー」を連想したのは、はたして筆者だけだろうか。

●地震発生当時、東電の会長も社長も東京不在だった

さて、悪いときには悪いことが重なるもので、地震発生当時、福島第1原発を運営していた東京電力の最高実力者であった会長は、大した用もないのに中国を視察旅行中だった。

社長はといえば、奈良の平城京で、これまた不要不急で行く必要はさらさらなかった平城京遷都1300年記念の関連行事に出席していた（はっきりいってリクリエーションの類い）。震源地とははるかに離れた平城宮でも強い揺れを感じた社長は、即座に東京へとって返そうと車を飛ばして名古屋まで着いたが、新幹線も高速道も不通になっていた。

機転を利かせて、ようやく社長は、航空自衛隊の小牧基地から入間基地行き輸送機に便乗させてもらったまでは良かったが、報告を受けた北澤俊美（防衛相）は、なぜか「被災者救援が先だ」と激怒。小牧基地を離陸して東京に近い入間基地着陸まであとわずか、というところで輸送機を小牧までUターンさせた。

仕方なく一般道を夜通し走った社長を乗せた車が、這々《ほうほう》の体で東京の本社に着いたのは翌日の昼前だった。防衛相の個人的な怒りで電力会社にとってこれ以上の異常事態はない原発メルトダウンの危機に、最終決断を下す立場にあるトップをほぼ1日近くも本社に不在にさせるというあり得ない事態を招いてしまったのである。

ちょっと自慢をさせてもらえば、地震発生当時、社長が東京に不在で奈良にいた事実をスクープしたのは、産経新聞である。もう1つ自慢をさせてもらえば、記事を書いたのはこの私である（といってもかなりの部分を同僚に助けてもらったのだが）。

ネタ元を明かすのは、記者として絶対にやってはいけない御法度なのだが、民主党政権下の官邸に有力な取材源があったわけではない。私と菅某や北澤某との接点は、大昔に名刺を交換した程度でほとんどない。東電社長に至っては、会ったこともない。

では、どうして、そんな政府にとっても、東電にとっても不都合な真実を知り得たのか。関西在住で何十年来の友人Hが、たまたま平城京の式典に参加しており、たまたま東電社長と名刺交換をし、震災後、何かの拍子でたまたま私に電話してきて「そういえば、おもろい名刺があるでぇ」と教えてくれたのである（まぁ、電話はタマタマではなかっただろうが）。

またまた、話が逸れてしまった。

●3・11時の失態を反省しない枝野幸男の罪も大関級だ

今や野党第1党・立憲民主党の党首となった当時の官房長官、枝野幸男の罪も大関級だ。

北澤防衛相の大失態を後日、官房長官会見で聞かれた枝野は、北澤の指示を「妥当だった」とかばったばかりか、「名古屋・東京間は車を飛ばしても走れる状況だ。なぜ、（社長は）自衛隊に頼んだのか。自衛隊機が飛ばないなら自動車を飛ばすのが常識ではないか」と、新幹線は止まる、高速道路は通行止めで大混乱した3・11の交通状況を知らぬ振りして逆ギレする始末。

しかも忘れてならないのは、枝野長官は、原発周辺地域に高濃度の放射性物質が降る可能性を示す文部科学省の予測データ「SPEEDI（スピーディ）」があったのに、公表しなかったことだ。

当時の寺田補佐官は手記で「実際は事故当初から、スピーディを所有している文部科学省の関係団体が使用していた、と後の報道で知る」と重要情報を隠蔽《いんぺい》したのではなく、情報自体が官邸に達していなかった、と釈明しているが、余計タチが悪い。スピーディは、大震災以前にも防災訓練で活用されており、新聞記者を含め、お役人以外でもかなりの人が知っていた。

スピーディの情報が、ただちに福島県民に伝わっていたら、と思うと今でも怒りがこみ上げてくる。もちろん、伝え方を誤れば、被災地にパニックを引き起こしたかもしれないが、知らされないより、よほどましである。野党時代から情報公開の重要性を連呼していた民主党だけに、言っていることとやったこととの違いに唖然とする。

米国との連絡調整も最悪だった。大地震発生当初から福島第1原発の状況を危惧《きぐ》した米側が、「米軍を含めて全面的に協力する。なんでも言ってほしい」と申し入れていたにもかかわらず、首相はもとより、枝野をはじめ官邸の主要人物は馬耳東風。重要な情報に関して、ほとんど官邸から米側に伝えていなかった。

寺田手記によると、同盟国にあるまじき対応に怒った米大使館は、官邸と大げんかとなり、「オバマ大統領が相当悩んでいるらしい。もしかしたら、アメリカ人全員の日本からの退避が近々決定されるかもしれない」という話が、秘書官室で語られるほど日米関係は悪化していたのである。

彼には、菅直人同様、3・11での初動失敗の責任を誰よりも強く感じてほしい。にもかかわらず、その後、枝野が深く反省し、福島をはじめ被災地の人々に心から謝罪したとは、とんと聞いたことがない。今や立憲民主党の党首として息を吹き返したが、もし本気で宰相の座を狙うのであれば、3・11の清算をきっちりとすることが先決である。かつてのボスのようになりたくなければ、の話ではあるが。

「ガラスの天井」を突き破れなかった小池百合子

最初に断っておくと、女性議員に「平成の大戦犯」はいない。それは何も筆者が女性に甘いだけでなく、平成という時代に大きな傷跡を遺すほどの女性政治家がいなかった、というだけの話である（小さな傷跡は無数につけているが）。

それでも、令和最初の大相撲夏場所で優勝し、「トランプ杯」を獲得した朝乃山のように、１度は宰相の座に座れる絶好のチャンスをつかんだ「朝乃山級戦犯」はいる。

東京都知事・小池百合子である。

永田町と霞が関の至る所に張り巡らされている「ガラスの天井」は、彼女によって打ち破られた、はずだった。

いまでこそ「安倍１強だ」だの、「安倍４選は間違いない」だのと永田町では、かまびすしいが、あのとき、彼女の判断ミスがなかったなら、政界の風景はまったく異なっていたはずである。

●「大戦犯」すらいない女性議員

ガラスの天井とは、女性の社会進出が急速に進むなか、ある程度まで男性と同様に昇進しても、最後のワンランクに上り詰める一歩手前で、男性優位社会の「見えない天井」にはばまれ、頭を押さえつけられるさまを表した比喩《ひゆ》だが、こと政界にぴったりとあてはまる。

アメリカでは２０１６年の大統領選で、ヒラリー・クリントンが選挙戦を優位に戦っていたにもかかわらず、最後の最後で、ダークホース的存在だったドナルド・トランプに僅《きん》差《さ》で敗れ、「ヒラリーでさえ、厚いガラスの天井を破れなかった」と揶揄された。日本でもその翌年、同じ現象が起きたのである。

平成29年（2017年）9月、度重なる北朝鮮によるミサイル発射など、朝鮮半島情勢が緊迫するなか、安倍晋三は盟友の財務相・麻生太郎と会談して衆院の解散・総選挙を決断する。この頃、私は外務省高官から「年が明けたら米軍は、北朝鮮の核・ミサイル施設を先制攻撃する作戦を練っている。トランプは本気だ。その前に首相は選挙をしておきたかったのでは」との解説を聞いた。

首相は正式に9月25日、衆院解散を記者会見で表明した。圧倒的に与党である自民・公明両党に有利な状況での決断だったが、それに待ったをかけたのが、小池百合子だった。突如として「希望の党」旗揚げを表明したのである。

前年、彼女は、今から振り返れば、なんとも情けない理由によって都知事の座を追われた舛添要一の後任を選ぶため急遽《きゅうきょ》、実施された都知事選に自民党を離党して立候補し、300万票近くも集めて圧勝。平成29年の都議選では新党「都民ファースト」を立ち上げて、ほとんど素人同然の候補をかき集めて、「小池旋風」を巻き起こしてこれまた圧勝した。

そうした時期に降って湧いた衆院選に、乗りに乗っていた小池は国政への進出を決断、殴り込みをかけたのである。しかも、当時野党第1党だった民進党の代表・前原誠司（日本新党時代の同志）と密かに連絡をとりあい、希望の党主導による「合流」をあっという間に決めてしまった。

日本テレビの人気番組「竹村健一の世相講談」のアシスタントキャスターという印象しかなかった小池という人物を、初めて間近に見たのは、平成4年（1992年）7月の参院選での街頭演説だった。

日本新党という海のモノとも山のモノともわからぬ「キワモノ新党」の担当を誰も積極的にやりたがらず、まだまだ駆け出しの政治記者だった私にお鉢がまわってきたのだ。

日本新党の街頭演説が行われると党本部に聞いて出かけた福島県郡山市のJR郡山駅前は、閑散としていた。街頭演説を告げるノボリも立っておらず（もちろん広報担当者もいなかった）、東京から出かけてきた他社の仲間と「本当にここでいいんだろうか」とブツブツ言っていると、どこからともなく党首の細川護熙とともに、颯爽《さっそう》と現れたのが小池だった。

細川の前座で、街宣車の上で黒のタイトスカート姿（だったと記憶している）の小池が演説し始めると、閑古鳥が鳴いていた駅前広場が瞬く間に人で埋まった。彼女と細川が何をしゃべったかは、まったく覚えていないが。

「日本新党は伸びるな」と直感した。地方組織はむろん、運動員もろくにいないゼロからのスタートで、日本新党が結党からわずかの期間で迎えた参院選で躍進した立役者の1人が小池だったのは間違いない。

その後の彼女の「政界渡り鳥」ぶりは、皆さんよくご存じだろうから省略するが、細川から小沢一郎、小沢から小泉純一郎と、タイプも政党も違うその時々の権力者の側近となり（森喜朗には嫌われたようだが）、ついには宰相の座を射止めようか、というところまで上り詰めた政局観とバイタリティには舌を巻く。

●下野を覚悟した公明党

またまた、話が脱線してしまった。時計の針を平成29年に戻そう。

小池の電撃戦によって事態は急変、解散を決断した首相・安倍晋三は真っ青になった。公明党のある幹部は、「あのときは、本当に下野を覚悟した」とのちに語っている。自民党も大慌てで態勢立て直しを図ろうと必死になった。

しかし、しかし。小池は、最後の詰めの場面で重大なミスを2つ犯してしまう。

民進党との合流で受け入れる議員の〝選別〟を巡って記者団に「（民進党議員の）全員を

受け入れるつもりはない」と発言してしまったのだ。

この判断は、政治のスジ論でいえば、理にかなっていた。民進党の一部は、憲法改正に強く反対している共産党と考え方が近く、安全保障政策をめぐっても日米安保堅持派の強い小池と相容れなかった。辻元清美と小池百合子が同じ党にいる図は想像すらできないマンガである。そういった議員を「希望の党」が公認することのほうがおかしいのだが、世間は「排除の論理」ととった。

こうして「排除組」に選別された枝野幸男は、憤然として新党「立憲民主党」を結成し、非合流組を糾合して野党第1党の座をもぎとったのは記憶に新しい。

もう1つのミスがもっと大きかった。小池は自らの出馬を断念してしまったのである。都知事になってからわずか1年余。常識的には「都知事の座を放り出すのはあまりに無責任」ではあった。希望の党結成直後に読売新聞が実施した世論調査で、都知事投げ出しに否定的な数字が多数を占めたのもブレーキとなった。

彼女の側近は、すべてが終わったのち、「小池は都知事選と都議選をホップ、2017年の総選挙をステップととらえ、本当の勝負は次だと考えていた」と明かしている。

だが、彼女の天下盗りのチャンスはあのときの1度きりだった。

織田信長の例をとるまでもなく、古今東西、挑戦者たるものは常識を破り、リスクを取って陣頭指揮をとらねば、天下はとれない。

小池が衆院選不出馬を表明したとたん、野党、とりわけ希望の党への有権者の期待は、瞬く間にしぼんだ。「政権選択」選挙の性格を帯びる衆院選において、次期首相候補がわからない、あるいは見当たらない党には遠心力しか働かない。長期政権となった安倍政権に飽きがきていた（反感を抱いていた）野党支持者と無党派層は、「日本初の女性首相」が誕生するかもしれない、というワクワク感に踊っていただけであって、希望の党に希望をつないでいたわけではなかったのである。

それが証拠に、希望の党は、同党よりもにわか仕立ての立憲民主党にも敗れ、小池は党首を辞任した。小池の見果てぬ夢は頓挫したのである。のちに安倍は、「選挙は恐ろしいものだ、と改めて身に染みた」と周辺に漏らしたという。

●野田聖子も、小渕優子も、あの人も

小池の挫折によって、永田町のガラスの天井は、ますます高くなった。

どこをどう見渡しても、令和初頭、はっきり言ってしまえば今後10年は「日本初の女性首相」は誕生しそうにない。

理由の第1は、女性国会議員の絶対数が諸外国に比べて格段に少ないことである。

憲法第67条は、「内閣総理大臣は、国会議員の中から国会の議決で、これを指名する」と規定しており、首相は国会議員のなかから選ばれることになっているのだが、現憲法下ではなぜか衆院議員しか首相になっていない。

では、事実上、首相になることのできる唯一の道である衆院議員に女性は何人いるのか。

全衆院議員465人中、わずか47人しかいないのである（令和元年5月現在）。率にして辛うじて1割を超える10・1％。

世界各国の議会でつくる「列国議会同盟」の調べ（2019年3月）によると、世界の下院（1院含む）で女性議員が占める割合は24・3％で、日本は加盟193カ国中、165位という低さ。先進7カ国（G7）のなかでも、20カ国・地域（G20）首脳会議構成国のなかでもダントツの最下位なのである。

しかも与党・第1党である自民党の女性衆院議員は、22人に過ぎない。これでは競争原理が働かないのもむべなるかな。

この22人の顔を1人ひとり思い浮かべても、竹下登流につぶやけば、「まあ、無理だわな」という感想しか湧いてこない。

それは、なぜか。個々の議員をあげつらうつもりはないし、政策通も多く、優秀な女性が大部分なのだが、宰相になるために、肝心な何かが足らないのである。

首相の安倍晋三が、総務大臣という重要閣僚に抜擢した野田聖子もしかり。頭の回転が速く、決断力も並みの政治家以上にあり、気さくでお酒にも強く、総務省のお役人の受けも良かったのだが、パートナー選びがどうも今二つなのである。

これ以上書くと、私生活に興味本位であれこれくちばしを入れることになるのでやめておくが、もし宰相になった場合、週刊誌などの格好の餌食《えじき》になる（総務相時代にもかなり話題になったが）のは間違いなく、コンプライアンスがどうのこうのと五月蠅《うるさ》いご時世では、かなりのハンディになっている。

小渕優子は別な意味で残念な宰相候補だった。だった、と過去形なのは、後ろ盾になっていた父・恵三の盟友であった青木幹雄や旧竹下派を継承した竹下亘の影響力が、令和時代になって急速に衰えてきたからである。

しかも、平成26年（２０１４年）10月、経済産業大臣就任直後に発覚した政治資金規正法違反事件への対応が最悪だった。

週刊新潮が、小渕優子後援会主催のバス旅行をめぐって小渕サイドが負担した観劇代２６００万円を政治資金収支報告書に未記載だった、とスクープしたのが、宰相レースから脱落するきっかけとなった。もともとは、「よくあるチンケな事件」（自民党関係者）だったのが、対応が後手後手にまわり、あれよあれよという間に辞任に追い込まれた。

政治資金に関する詳しいデータが入っていたはずの後援会事務所にあったパソコンのハードディスクを電動ドリルで破壊していた、という隠蔽工作も明るみに出て一層印象を悪くした。

余談だが、「小渕経産相辞任へ」は、産経新聞がスクープしたのだが、報道が先に出たことで意固地になってしまい、正式な辞任表明が2日もずれこんでしまった。さっさと素直に謝罪しておけば、復権も早かったはずなのに、あれから5年も経つにもかかわらず、「小渕待望論」が自民党内からも地元からもまったく出てこないのも仕方がない。

同じ時期に、これまた「チンケな事案」で法務大臣を辞任した松島みどりもしかり。東大を卒業したのち、朝日新聞に入社。政治記者として自民党批判記事も書いていたはずなのに、なぜか朝日の不倶戴天《ふぐたいてん》の敵であるはずの自民党から立候補し（しかも安倍首相と同じ清和会に所属）、当選を重ねている。まあ、これ以上の出世は無理だろうが。

厳しい言い方になり、それぞれの支持者の皆さんには誠に申し訳ないが、ダメージコントロールができない政治家に国家の舵取りはできない、のも冷厳な事実である。

●「ガラスの天井」を破るには

野党議員はどうかと見渡せば、「2番じゃダメなんですか」の蓮舫センセイは、万一、野党が政権を近い将来、奪還したとしても「ナンバー2じゃダメなんですか」とライバルに揶揄されるのは必定だ。

弁護士出身で、左巻き議員の典型である社民党の福島瑞穂は、参院議員なのでそもそも宰相候補にさえならない。論評にも値しないが、落ち目の社民党を見限って民主党に走り、今は立憲民主党の幹部に収まっている辻元清美よりも鳩山内閣時代に普天間米軍基地の辺野古移設に反対して大臣を辞めさせられ、連立政権も離脱した福島のほうが、まだしもスジが通っているのだが。

共産党に至っては、女性議員の割合こそ他党に比べて多いものの、30年にもわたって上層部は不破哲三・志位和夫ラインで変わっていない。女性議員で目立っているのは、男性との路上キス写真で週刊誌を賑わせた吉良佳子程度で、議長を退任したとはいえ、今も不破の威光は衰えておらず、次世代のトップ候補に女性議員は名前すらあがっていない。

理由の第2は、自民党幹事長・二階俊博のように市町村議員や道府県会議員など地方議員から国会議員へとステップアップしていく「たたきあげ型」の女性議員が、与野党を問わず、ほとんどいないことにある。

男女を問わず、政治家は「公益のため人を動かす技術を持つ専門職」であるべきだ、と私は考えている。

そのためには、大所高所からの見識と幅広い知識（専門分野があればなお良い）を持つのはもちろん、有権者と政策を実行に移す役人双方を納得させる人心掌握術、それに政治家としての経験が欠かせない。

どんなに素晴らしい理念を抱き、政策を立案しても人心掌握ができなければ、政治家としての仕事は何もできない。

少なくない女性議員は、この人心掌握ができておらず、自らの議員事務所さえ切り盛りできていない（もちろん人心掌握ができていない男性議員も多いが）。秘書がころころ替わる事務所は信用できない、というのが政治記者の共通認識である。

10年後に永田町の「ガラスの天井」を破るためには、今からでも遅くない。

自民党であれ、公明党であれ、立憲民主党であれ、日本維新の会やほかの野党であれ、男女を問わず、地方議会から職業政治家を育て、国会議員を養成するプログラムをつくって実践すべきである。経産省出身とか、朝日新聞出身とか、アナウンサー出身とか、肩書につられて公認してしまい、風に吹かれて当選はしたものの、どうしようもない国会議員の何と多いことか。

政治家を公認するのではなく、育成する。それこそが、令和時代の政党の使命だ。

第3章

巨悪中国をつくったA級戦犯たち

中国に媚びる議員たち

「はじめに」で書いたとおり、平成ニッポンが衰退した大きな原因の1つは、対中政策を誤り、失敗したことだと、私は考えている。

戦後50年談話において、当時の首相・村山富市は、先の大戦について「国策を誤り」と戦前の政権を糾弾したが、戦後の自民党政権も民主党政権も対中政策で明らかに、「国策を誤った」のである。

平成の初め、ディーゼル機関車に引かれた夜行列車で1泊2日かかっていた北京から上海までが、日本の新幹線そっくりの中国製高速電車でたったの数時間で結ばれるようになったのはなぜか。なぜ中国の家電業界が急速に進歩し、シャープが鴻海の軍門に下ったのか。賢明な読者の皆さんは、もうおわかりだろう。

中国が経済発展すれば、10億人をはるかに超える広大な市場が広がり、多少、特許を侵害されたとしても日本企業は十分に潤う。経済発展が進めば、中間層が分厚くなって、教育水準も上がって政治への関心が強まって人権意識も高まり、民主化も進むだろう、という風が吹けば桶屋《おけ》が儲かる式の、甘い、甘い考え方が昭和の終わりから平成にかけての日本の経済界を覆っていた。政界でも「台湾派」の代表格だった佐藤栄作は引退し、田中角栄の流れをくむ「親中派」全盛時代を迎えていた。

時あたかもベルリンの壁が崩壊し、続いてソ連でも共産党1党独裁体制が終焉を迎え、ソ連はついに崩壊。自由主義陣営の勝利で、一時は核戦争一歩手前までいった冷戦が終結したことで、「民主主義は全体主義より優れていることが証明され、最終的に勝利した」「歴史は終わった」というあまりにも楽観的な世界観が、日本だけでなく、米国も、ドイツ、フランスをはじめとするＥＵ（欧州連合）各国の共通認識になっていた。

●独裁政権を助けたのは誰だ

とりわけ、日本でその空気は強かった。

そんななか、平成元年（１９８９年）６月４日、中国共産党政権が、民主化を求める学生や市民を虐殺した天安門事件が起きる。驚いた欧米各国は、事件後、厳しい対中経済制裁を科し、日本も円借款を中断するなど同調したのだが、翌年には早くも対中円借款を再開した。そして2年後の夏、当時の首相、海部俊樹は先進国で最もはやく北京を訪問し、対中制裁は事実上、崩壊したのである。

海部訪中の翌年、宮沢喜一政権下で、平成天皇の訪中が実現した。日本が先導して中国共産党独裁政権を国際社会に復帰させ、助けたのだった。

あのとき、欧米と足並みをそろえて厳しい経済制裁を続け、中国共産党に民主化を迫っていたら、世界はどうなっていただろう。もちろん、歴史にイフはないが、「一帯一路」に象徴される中国の覇権主義と専横の原因をつくったのは、まぎれもなく日本であり、対中「A級戦犯」は、首相として決断した海部と宮沢の両首相である。

だが、彼らだけを「戦犯」とするのは、あまりにも皮相な見方だ。

ことに海部政権は、当時から竹下派のパペット（操り人形）政権であると言われていた。元首相の竹下登と経世会会長の金丸信の承認と支持（あるときは指示）なしには、大きな政治案件を処理できなかったのは、海部首相番記者だった私もよく覚えている。もちろん、彼も積極的に中国を助ける役割を果たしたのだが。

彼が真の意味で実権を持って政権を運営できなかったのは、平成3年（1992年）秋に明確な姿で現れてしまった。審議中だった政治改革法案を海部首相に何の断りもなく廃案にしてしまった衆院政治改革特別委員長・小此木彦三郎のやり方に怒った海部は、衆院解散を決断するが、「解散はダメだ」との金丸信の一言で見事にハシゴをはずされ、解散を断念。退陣を余儀なくされてしまった。後年、海部は、そのときの金丸の声を「あまりにも冷たい声」と回想している。

またまた、話が横道にそれかけた。

天安門事件の翌年7月、アメリカ・ヒューストンで開かれた先進国首脳会議（サミット）で、海部は「中国を孤立させてはならない」と訴え続けた。その翌月、海部はサミット参加国の先陣をきって北京を訪問する。

このとき、天安門事件に連座して捕らえられた元学生リーダーの王丹は、海部訪中のニュースを刑務所内で聞き、「涙が出るほど悔しかった」と述懐している（令和元年6月5日付産経新聞）。「戦車を出動させて学生を虐殺する政権を、国際社会は認めるわけがない。民主主義国家は、必ず自分たちの戦いを応援してくれる」と信じていたからだが、その願いはあっさりと裏切られてしまったのである。

●脳天気に「いずれ民主化」

海部はといえば、こう脳天気に振り返っている。

「私自身は当時、中国はいずれ民主化していくだろうと予想していた。文部大臣だったとき、中国高官に義務教育の重要性を説いたことがあった。国の教育行政トップも務めたことがある李鵬《りほう》首相に『二十世紀の間にやるべきことは』と問われ、同じように答えたこともある。中国の農村部では義務教育が行き届いていなかったが、都市部では普及がある程度進んでいた。教育が変われば、人権や民主化に対する意識も変わるはずだと私は信じていた」(『海部俊樹回想録　われをもっていにしえとなす』人間社刊)

王丹が聞けば、「日本の首相は、この程度の洞察力しかなかったのか」とあきれてしまうことだろう。

もちろん、海部が対米追随を旨とする日本外交としては、異例とも言える積極的な「中国救援」方針を実行に移せた背景に、事実上の院政を敷いていた元首相、竹下登とアメリカの強い支持があったのは確かだ。

時のブッシュ政権(父ブッシュのほう)は、天安門事件を受けて、人権問題に敏感な欧州と足並みをあわせて対中非難の輪に加わったが、本音は違っていた。当時、衰えたとはいえ、ソ連が健在で、窮地に追い込まれた中国が、ソ連と再び手を組むのを恐れたのである。

同時に中国市場を「カネのなる木」だと思い込んでいたウォール街の意向を受け、できれば経済制裁も最小限にとどめ、穏便に事態を収束させたい、と考えていた。

ブッシュは、先の大戦で空軍パイロットして活躍したが、2度にわたって日本軍によって撃墜されている。特に2度目は、父島にあった日本軍の高射砲によって撃墜され、海上に墜落、九死に一生を得た。そんな日本に複雑な感情を持つ一方、北京で米特命全権公使を務めた経験もある「親中派」大統領だった。

事件からわずか17日後の6月21日には、ブッシュ大統領は中国の最高実力者・鄧小平《とうしょうへい》にあてて極秘裏に親書を送り、密使を北京に送り込む提案をしたのも大統領の強い意向からだった。

この提案を中国は受け入れ、大統領補佐官のスコウクロフトが7月1日、北京入りし、鄧小平と会談している。しかし、大統領の対中宥和政策に不満を募らせた米議会は、中国批判のボルテージをあげ、米中交渉は暗礁に乗り上げた。こうしたなか、日本が「先走って」対中宥和の先導役を務めてくれたのは、ブッシュにとっても好都合だったのである。

●仕組まれた平成天皇訪中

水面下で展開されていた米中交渉が暗礁に乗り上げたのを受け、中国は対日工作に全力を挙げた。

天安門事件当時の外相だった銭其琛《せんきしん》は、回顧録で「日本は西側の対中制裁の連合戦線の最も弱い輪であり、中国が西側制裁を打破する際におのずと最もよい突破口となった」と正直に語っている。

「よい突破口」になった海部にとっては、イイ面の皮だが、工作は海部訪中で終わったわけではなかった。彼らは平成天皇の訪中を対中包囲網突破の仕上げと考えていた。

銭はこれまたあからさまに、こう書いている。

「中日2000年の往来の中で、日本の天皇が中国を訪れたことはなく、天皇訪中が実現すれば、西側各国が科した中国指導者との交流禁止令を打破できることになる」

そのうえで、「天皇訪中の実現までには、非常に細かい多くの仕事があった」と、さまざまな工作が行われたことを示唆している。

特に日中国交正常化の立役者であった田中角栄の流れをくむ竹下派への工作に重点を置いたのは間違いない。このころ角栄は、脳梗塞に倒れたあとだったので、在京中国大使館は、竹下登を筆頭に、竹下派7奉行と言われた小沢一郎や橋本龍太郎らへのアプローチを盛んに行ったといわれる。「竹下事務所に人民解放軍出身の研修生がいる」との噂が流れたのもこの頃で、天安門事件以降、初の閣僚訪中が橋本龍太郎だった。

平成4年（1992年）10月、天皇皇后両陛下の訪中は、各地で大歓迎を受けた。陛下は歓迎宴で談話を発表したが、歴史認識問題で特段、うるさい注文は中国側から出なかったという。それもそのはずで、目的は別にあったのである。

銭は満足げにこう振り返る。

「日本の天皇がこの時期に訪中したことは、西側の対中制裁を打破するうえで、積極的な作用を発揮したのであり、その意義は明らかに中日の二国間関係の範囲を超えたものだった」

海部訪中は、次の宮沢政権で実現した平成天皇訪中の「前座」であり、宮沢喜一は、既成事実の積み重ねを「追認」したに過ぎない。それでも「追認」した罪はあまりにも重い。

平成天皇の訪中によって、中国側は西側諸国の制裁解除という途方もない果実を得た。その後の民主化なき中国の急速な経済成長はご存じのとおり。

では、中国はそのときの恩義を感じているのか？　答えは、はっきりノーである。回想録で銭は、「まさかの時に真の友情を知る」と題し、アフリカやラテンアメリカ諸国に感謝の念を示しているが、日本への謝意は一言もない。

感謝どころか、天皇訪中が実現したちょうどその頃、江沢民政権は国内各地で１００カ所を超える抗日戦争記念館の建設に着手した。

天安門事件で地に墜ちた共産党の威信を回復するために、日中戦争での日本軍を徹底的に悪者にした「愛国ドラマ」を国営テレビに粗製濫造《らんぞう》させ、民族主義をあおるため「愛国主義教育大綱」をまとめ、教育現場で反日教育を強化したのである。その結果、２０００

年以降、反日デモが相次ぎ、日本企業が焼き討ちされたのである。

恩を仇で返されるとは、まさにこのことだが、その事実を知ろうともしない、あるいは目を背ける政治家の何と多いことか。

●野中広務の「妄言」に驚く

死者に鞭打《むちう》つのは趣味ではないが、自民党幹事長を務め、政局の節目節目で辣腕《らつわん》をふるった野中広務も、こと中国に関しては目が曇っていた。

政界引退後ではあったが、平成24年（2012年）9月、尖閣諸島を日本政府が地権者から購入した際、中国の国営テレビのインタビューに応じ、「こんな不幸な事件が起きたのは、まったく日本人として恥ずかしい。中国の皆さんに大変申し訳ない」と謝罪したのには驚いた。さらに「長い間戦争で多くの犠牲を残し、今なお傷跡が癒えていないその中国に対して、歴史を知らない若い人はそういうことを抜きにして1つの対等な国としてやっておるんです。それは間違っています」と発言したが、開いた口が塞《ふさ》がらなかった。

野中翁にしてみれば、私なぞ「歴史を知らない若い人」になるのだろうが、日中が対等に付き合ったら何がいけないのだろうか。戦中派の贖罪《しょくざい》意識を「若い人」に押しつけてもらっては困る。

彼だけではない。中国に対しては贖罪意識の固まりとなって国策を誤った「戦犯」は、ぎりぎり戦場行きを免れた村山富市をはじめ無数にいる。

昭和47年（１９７2年）、田中角栄が訪中して日中国交正常化を成し遂げ、パンダが上野動物園に寄贈されたことも相まって日本に空前の中国ブームが起きた。

田中の訪中は、日本の頭越しにキッシンジャーが極秘訪中したことで、大陸市場を意識した財界や、社会主義に憧憬の念を抱いていた朝日新聞をはじめとするメディアの主流派が呼号していた「バスに乗り遅れるな」という空気に押された側面もある。今では信じられないことだが、世論調査で「中国に親しみを感じる」と答えた人が、昭和55年（１９８0年）には、なんと78・６％もいたのである（旧総理府調べ）。

なぜ、当時の日本人は中国に甘かったのか。

戦前、日本が関東軍主導で満州国を建国し、長きにわたって中国本土で国民党軍相手に（共産党の八路軍はゲリラ戦に徹し、ほとんど日本軍と正面から戦わなかった）泥沼の戦いを続けたため、中国の農民や庶民に「迷惑をかけた」という贖罪意識が、当時は社会の中枢を担っていた戦中派に強かったのは確かだ。

日中国交正常化からしばらくの間、中国は貧しかった。本当は毛沢東による経済政策の失敗や文化大革命の混乱に起因するものだったが、心優しい日本人は「日中戦争の後遺症」と感じ、中国共産党もそう日本人に思わせるよう思想工作を行っていた。

　なぜ、断言できるかと言えば、昭和50年代半ば（１９８０年代前半）、高校生だった私は、神戸で頼まれもしないし、華僑でもないのに中国でつくられた教科書（紙は粗悪ですぐぼろぼろになった）を使って中国語を学んだ経験があるからである。「ああ、日本人は中国で悪いことばかりしたんだな」と高校生の私は信じかけたが、のちに中国に出かけて、毛沢東が主導した大躍進運動や文化大革命が、日中戦争より社会に深い傷跡を残した事実を知ることになる。

●習近平応援団となった二階幹事長

　またまた、話が脱線してしまった。

　戦中派の贖罪意識から出発した「日中友好」の潮流は、中国の経済発展が進むにつれ、いや、中国に日本国民の税金を原資とした巨額の政府開発援助（ＯＤＡ）が供与され始めてから利権の臭いがプンプンするようになる。

　ＯＤＡ事業を受注したい企業が中国とつながりの深い議員を頼り、議員はその見返りとして大量のパーティー券（もちろん政治資金）を買ってもらう、という構図だ。

　なかにはもっと露骨に現金によるキックバックを要求する政治家もいたという。

さらにブラックボックスになったのは、遺棄化学兵器処理事業だった。終戦後、中国大陸に日本軍によって遺棄された化学兵器について、化学兵器禁止条約を中国も批准したため日本が処理することが決まった。

このこと自体、日本外交の失敗だったのだが、事業化決定後も主管した内閣府の担当室メンバーに直接取材できず、いつ電話しても「担当者がいません」「その件はお答えできません」の繰り返しだった。そもそも発見された「遺棄兵器」が日本製かさえ怪しかったし、利権にありつこうとした人々も胡散臭《うさんくさ》かった。

政府サイドの取材がほとんどできなかったので、ある情報筋から内閣府に出入りしているという「処理業者」を紹介され、事務所があるという日比谷のビルの一室まで話を聞きに行ったことがある。

ベルを鳴らすと、秘書ではなく、サングラスにちょび髭をはやし、見るからに高価なスーツを身にまとった紳士が出てきた。写真撮影を禁じたうえ、「プラズマ技術を応用したこの機械を使えば、化学兵器はたちどころに無毒化され、簡単に処理できる。特ダネだよ」と妙な図面をもったいぶって見せ、とうとう「新開発された処理機械」の蘊蓄《うんちく》を語った。名刺に刷られた会社名は横文字が並び、初対面の私に、竹下派の国会議員や大物議員秘書の名刺を見せびらかせた。

あまりに胡散臭すぎて記事にはしなかったが、その後、遺棄化学兵器処理のため「新開発された処理機械」が採用された、という話は寡聞にして聞かなかった。

そんな竹下派が仕切っていた「中国利権」は、巨額のODA事業が一段落したことで、かつてのようなうまみがなくなった。中国共産党との人脈も、金丸の後継者と目されていた小沢一郎が自民党を去り、中国と因縁のある橋本龍太郎、小渕恵三もこの世を去り、雲散霧消しかけたが、竹下派出身で、一時自民党から飛び出し、小沢一郎と行動をともにしたものの、再び自民党に戻り、幹事長まで上り詰めた二階俊博がしっかりと引き継いだ。

彼が、亡くなった野中ほどではないにせよ、現代では絶滅危惧種ともいえる凄《すご》みのある政治家なのは言うまでもない。「安倍1強」の政治状況下で、安倍晋三が特に気を遣う数少ない政治家でもある。

二階は、平成12年（2000年）5月、旅行業者や地方議員らで構成した「日中文化交流使節団」5200人を北京に送り込んで度肝を抜いた。このパフォーマンスで江沢民ら当時の中国首脳部に食い込んだ。江沢民が一線を退いたあとも中国とのパイプを広げ、滅多に海外の要人と会わない習近平と会える数少ない議員までになった。

彼は地元・田辺市の公園に江沢民自筆の記念碑を建立しようとしたほど（幸い地元市議らの反対に遭って頓挫したが）、江沢民に傾倒し、その後も超大型の訪中団を率いてたびたび訪中している。

二階と並んで首相経験者である福田康夫も習近平ら中国要人とのパイプの太さを誇っているが、この２人に共通しているのは、核兵器だけでは飽き足らず、空母を建造し、南シナ海を埋め立てて軍事基地にし、覇権主義を隠そうともしなくなった中国の軍拡に対してまったくと言っていいほど苦言を呈していないことである。

中国首脳部が最も嫌がる天安門事件についての言及はもちろん、日本人が何人も「スパイ」罪で中国公安当局に捕まっても、解放へ向けて水面下で交渉するわけでもなく、強く抗議した形跡すらない。

苦言どころか、二階は習近平が推進している「一帯一路」構想を全面的に支持し、日本政府の慎重な方針を踏み越えて「日本は一帯一路に最大限協力する」（平成29年5月の訪中時）とまで発言している。

一帯一路構想は、発展途上国のインフラ整備という美名の下、途上国に巨額にのぼる高金利のカネを借りさせて受注するのは中国系企業で、日系企業など他国の企業は、中国系企業のおこぼれを頂戴《ちょうだい》するだけ。さらに、途上国が借金を返せない、となれば中国が有無を言わせず接収するという「中華帝国主義」を絵に描いたようなシロモノで、日本の国益とは明らかに相反する。

嫌われて行き場のない政治家たち（誰とはいわないが）に、「二階派」というオアシスを与え、今はなき民主党が唱えた「コンクリートから人へ」とは真逆の「国土強靱化《きょうじん》」と名付けられた田中角栄の「列島改造論」を彷彿《ほうふつ》とさせる政策を押し出す老練な政治家とは同一人物と思えないほど、中国や世界情勢を見る目は曇っている。

クリントン、オバマ両大統領に限らず、ニクソン以降の米政権は、濃淡の差こそあれ対中宥和政策をとり、日本と同じ轍《てつ》を踏んだが、トランプの出現によってようやく目が覚めた。中国共産党政権に対しては、関与政策で民主化を待つのではなく、ソ連を崩壊に導いた封じ込め政策で当たらなければならない、とトランプ政権は方針を定めたのだ。

一帯一路政策を支持する、ということは自動的に反米政策を採ることに他ならない。それでもいい、というのなら話は別だが。中国とも米国ともうまくやっていきたい、という甘い考えは捨てるべきときがきたのである。

二階翁には、野中翁のように晩節を汚してほしくない、と思うのだが……。

それにしても残念なのは、自民党は「二階1強」状態にあり、誰も「二階さん間違ってますよ」と諫言《かんげん》する若手や中堅の政治家は党内に1人としていない事実である。

外国の首脳や有名人と握手し、写真に収まるのを最大の目的とした、ただの面会は「会談」とは言わない。それを「議員外交」と勘違いした国会議員の何と多いことか。

かつて日本にも首相や外相といった職務上、海外の要人と渡り合うポストについた政治家以外にも国際派の国会議員が少数ながらも存在した。

古くは、自民党主流派に睨《にら》まれながらも共産中国とのパイプをつなぎ、田中角栄訪中に道を開いた古井喜実、共産中国との国交正常化・台湾との断交直後に説明役として誰も行きたがらなかった台北行きを引き受けた椎名悦三郎、その息子で日米同盟強化の陰の立役者といわれた椎名素夫、最近では華やかな欧米や中国に目もくれず、国会議員引退後もアフリカ諸国と日本の架け橋となっている矢野哲朗らが、華やかな首脳外交の陰で地道な議員外交を積み重ねてきた。

しかし、令和時代を迎えて、わざわざ北方領土まで行って飲んだくれ、旧島民に暴言を吐いた丸山穂高《ほだか》とかいう酔っ払いは論外としても、「この国はこの議員に話をしてもらわないと」「国連にはあの議員が強い」といった外交に通じた国会議員がほとんどいない。

永田町では「外交は票にならない」と言われ、熱心に取り組む議員は、昭和の昔から少なかったが、平成を経てどんどん少なくなった。

各国別に友好をうたった議員連盟があり、ホテルでパーティーを開けばそれなりに盛況なのだが、その国の庶民から要人まで深く掘り下げた関係をつくり、日本の国益に貢献している議員は極めてまれだ。

「いつまでも年寄りに任せられない！」と、若かりし頃の石原慎太郎や渡辺美智雄らが躍動したかつての「青嵐会」のような活きのいい若手議員たちが出てきてほしい、というのは無い物ねだりに過ぎぬのだろうか。

第4章　「安倍1強」の功罪

安倍晋三は戦犯か救世主か

いよいよ、本書最大の難問にとりかかるとしよう。

安倍晋三は、平成ニッポン衰退の戦犯なのか、救世主なのか、という大難問である。

安倍の首相在籍日数の記録（図表3参照）は、御代替わり早々の令和元年（2019年）6月7日、初代総理大臣・伊藤博文を抜き歴代3位となった。さらには、8月24日に佐藤栄作を抜いて戦後1位となり、11月20日には郷里・山口県の大先輩である桂太郎を超えて歴代1位になる公算大だ（それにしても上位4人がすべて長州出身というのは、示唆的である）。

しかし、今でこそ「安倍1強」といわれるほど、自民党内で絶対的な力を誇る安倍だが、ここまでに至る道は決して平坦なものではなかった。

圧倒的人気を誇った小泉純一郎が、5年の任期を終え、満を持して後継者の安倍晋三が第1次政権を発足させたのは、平成18年（2006年）9月26日のことだった。

第1次安倍政権の誕生は、従来の自由民主党の慣例からすれば異例中の異例であった。

図表3 安倍晋三首相の在籍記録はどこまで伸びるか

年	月	日	想定される記録塗り替えと主な日程	日数
平成31年(2019)	2	23	吉田茂を抜いて4位	2617
	4		統一地方選	
令和元年(2019)	5	1	皇太子さまが天皇即位、改元	
	6	7	伊藤博文を抜いて3位	2721
	7		参院選	
	8	24	佐藤栄作を抜いて2位、戦後1位	2799
	9	20	日本でラグビーW杯開幕	
	10	1	消費税率10%に引き上げ	
	11	20	桂太郎を抜いて1位	2887
令和2年(2020)	3	12	前人未踏の在職3000日	3000
	7	24	東京五輪開会式	
	8	24	連続在職が2799日となり、佐藤を抜いて1位に	
令和3年(2021)	9	30	自民党総裁任期満了	3567
	10	21	現在の衆院議員の任期満了	

※敬称略

それまで首相の座に就くためには、さまざまなポストに就き、経験を積んでから、というのが王道だった。

自民党衆院議員の場合、初当選からしばらくは、廊下トンビと呼ばれる国会対策要員（野党への根回しが主な仕事）で汗をかき、当選2回以上でいずれかの省庁の政務官に任命される。さらに当選回数を重ねると、自民党の部会長、大臣経験者が就くことの多い衆院の予算委員長や懲罰委員長などをのぞく各委員会の委員長、そして副大臣（昔は政務次官といった）へとステージがあがっていく。そうして当選5、6回ともなると、財務大臣（昔は大蔵大臣）や外務大臣といった花形大臣を除く省庁の大臣が初入閣ポストとして用意される。

そこからが胸突き八丁となり、ごく少数の政治家だけが、党三役（幹事長・総務会長・政務調査会長）や財務、外務といった主要大臣を射止める。なかでも党のカネを一手に握り、衆院選など各種選挙を陣頭指揮で戦う幹事長ポストは特に重要で、総理総裁への登竜門といっていいポストだった。そこでようやく党内で「総裁候補」として認知され、首相の座をライバルと争うのが王道だった。

そんな王道が崩れ始めたのは、竹下登がリクルート事件で失脚した平成元年からであり、小泉純一郎の登場で完全に過去のものとなった。小泉は厚生大臣と郵政大臣を経験したものの、幹事長をはじめとする党三役、内閣の要である官房長官、国家の財政を司る財務大臣など花形ポストを一切経験せずに、宰相の座に上り詰めた。

小泉の後継となった安倍も王道組ではない。

安倍は小泉政権で、副幹事長もしくは閣僚への起用がとりざたされていた。しかし、平成15年（2003年）9月、衆議院選挙を目前にした状況で、小泉の盟友だった幹事長、山崎拓のスキャンダルが明るみに出たため、小泉は窮余の一策として若くて人気上昇中の安倍を選挙戦の顔となる幹事長として大抜擢したのである。

それまで安倍は、第2次森内閣で、小泉の推薦を受けて、内閣官房副長官を務めたことはあったが、閣僚も党の要職も未経験であった。安倍の幹事長就任は異例中の異例であり、小泉の「サプライズ人事」として注目を集めた。

このとき安倍は49歳という若さだった。この人事にはポスト小泉の人材育成という意味あいも含まれていただろうが、いかにも「促成栽培」という感は否めなかった。

そののち、安倍は内閣官房長官として初入閣し、平成18年９月１日に総裁選への出馬を表明したのは52歳のときであった。

出馬表明では、憲法改正や教育改革、庶民増税を極力控えた財政健全化、小泉政権の「聖域なき構造改革」に引き続き取り組む方針を示して圧勝した。ほどなく首相に就任し、内閣を「美しい国づくり内閣」と命名した。

安倍は、政権発足早々、小泉の靖国神社参拝で冷え切っていた日中関係を改善するためいちはやく訪中し、中国側も「氷を融かす旅」として大歓迎した。支持率も高く、上々のスタートだったが、結果として政権は発足からちょうど丸１年しか持たなかった。

このあまりにも早かった第１次政権の終焉は、小泉による「促成栽培」の弊害も大きかった、と私は考えている。

第１次安倍内閣は、総裁選で安倍を支持した議員や親しいＮＡＩＳの会メンバーを官房長官など目に見える形で優遇する形で登用したことから、「論功行賞内閣」とか「お友達内閣」と揶揄された。それもこれも、首相として経験すべきポストについていなかった、という経験の乏しさ故の人事だったと言うほかない。

ちなみにNAISの会とは、平成11年頃に、根本匠（N）、安倍晋三（A）、石原伸晃（I）、塩崎恭久（S）が結成したグループであり、名前はローマ字表記した際の4人の頭文字に由来する。

また、郵政民営化に象徴される「小泉改革」に反対した議員を復党させて、小泉のみならず、「小泉チルドレン」と呼ばれた若手議員や、マスメディアの不興を買い、政権の足を引っ張る要因になった。

事実、自民党に除名されていた議員を復党させて以降、組閣当初70％近かった支持率は急落し始め、年金記録問題が持ち上がった平成19年（2007年）5月下旬以降、さらに支持率が下降した。

●「お友達内閣」は、思わぬ悲劇を生んだ

平成19年（2007年）5月28日に、現職の農林水産大臣だった松岡利勝が自殺した。

前日の5月27日、東京・府中の東京競馬場では、日本中央競馬会主催の「日本ダービー」がにぎにぎしく開催され、名牝ウオッカが牡馬たちを蹴散《けち》らして優勝した。

中央競馬会を所管する省庁は農水省で、農水相は毎年、招待される。よほどの用事がな

い限り、歴代の大臣はやってくるのだが、来賓席に松岡の姿はなかった。ちょうど、競馬場にいた私は（もちろん、取材に行ったのではない）、おかしいなあ、と不審に思いつつも馬券を買うのに忙しく（もちろんはずれたが）、すっかり忘れていた。

あのとき、「異変」をもっと突き詰めておけば、というのは、ありがちなあとの祭りである。

自殺した当日、松岡は午前10時頃まで、衆議院赤坂議員会館の室内で秘書と話をしていた。その後、出かける予定だったが、正午頃になっても本人が室内から出てこなかったため、秘書が、警護の警察官と共に室内に入ったところ、松岡氏は居間のドアの金具に布製のひもを架け、首を吊っていたという。

松岡は、電気代も水道代もかからない議員会館を事務所としているにもかかわらず、資金管理団体が、家賃、水道光熱費などを政治資金収支報告書に計上していたため、国会で説明を求められたが、「ナントカ還元水とかいうものを付けている」などと答弁。また、独立行政法人「緑資源機構」の関連団体からの献金問題など「政治とカネ」をめぐる複数の問題について、野党から追及された際には、「適切に報告している」という答弁を繰り返すだけだった。

松岡は、一貫して農林水産畑を歩んできた経験を買われ、第１次安倍内閣発足時に初入閣し、農水相に就任した。安倍首相は「攻めの農政を進めるうえで必要な人材」と評価していただけに、同氏の自殺が安倍首相に与えた影響は計り知れないものがあったと思われる。

議員会館の室内には、首相や国民に宛てた8通の遺書が残されており、「私の不徳の致すところで申し訳ない。迷惑をおわび申し上げます」「身命をもって責任とお詫びにかえさせていただきます」などと書かれていたという。また、安倍首相と国民に宛てた遺書については「安倍総理、日本国万歳」と締めくくられていたことが、公表されている。

松岡は、今は絶滅危惧種となった、たたき上げ型政治家で、苦労人だった。それだけにカネ集めには苦労したようで、野党やメディアにその弱点を突かれたのだが、閣僚に登用する際の「身体検査」に甘さがあったのは否めない。

もちろん、彼を抜擢した首相が、相当な精神的ショックを受けたのは想像に難くない。悪いことは続くもので、松岡の後任となった赤城徳彦も事務所費問題によってたった8日で大臣を辞任、「絆創膏《ばんそうこう》大臣」という有り難くないあだ名までつけられた。

さらには、初代防衛大臣の久間章生が「原爆投下はしょうがない」と失言し、辞任するという失態も起きた。オカルト好きで、口さがない議員会館の秘書たちが「松岡大臣のたたりだ」とひそひそと話していたのを思い出す。

●唐突だった幕切れ

農水相の自殺より前に、社会保険庁のずさんな実態が発覚していた。新聞やテレビは連日連夜、大きく取り上げ、国民は大きな衝撃を受けた。

「消えた年金問題」は、前政権・小泉内閣の負の遺産でもある「格差社会の深刻化」も相まって政権に大きなダメージを与えた。

こうして政権発足から1年を待たずに自民党内では、「安倍おろし」の気運が高まり、福田康夫を擁立して、難局を打開しようとする動きがあったが、安倍は退陣を拒否した。

自民党総務会などを舞台に、安倍批判が強まったものの、前首相の小泉純一郎、外相の麻生太郎らが首相続投を支持したため、「安倍おろし」はいったん沈静化した。

こうして迎えた平成19年（２００７年）７月の第21回参院選で、政権与党の自由民主党・公明党は歴史的惨敗を喫し、参議院第1党の座を民主党に譲ることになった。

参院選惨敗という結果によって進退が注目されるなか、安倍は選挙翌日の記者会見で、「反省すべきは反省し、党三役・閣僚を変えて人心一新し、改革を止めてはならない」と述べ、続投を表明した。

ところが、９月９日に期限切れが迫っていたテロ対策特別措置法に基づく海自のインド洋での給油活動について、継続の意向を示したのも束の間、そのわずか3日後の12日午後2時に「内閣総理大臣及び自由民主党総裁を辞する」と突然、辞任を表明する記者会見を行った。これにより同日予定されていた衆議院本会議の代表質問は中止となった。

翌13日から安倍首相は東京・信濃町の慶応義塾大学病院に機能性胃腸障害で入院した。多くの国会議員が、首相の辞任表明を記者から聞かされることになり、亀井静香は「えっウソでしょ。これから代表質問だよ。何かの間違いでしょう」と記者に向かって驚いて聞く映像が、テレビで繰り返し放映された。

百戦錬磨の亀井が驚いたように、あまりにも唐突な幕切れだった。

当時、政治部長だった私は、「政権選択選挙である衆院選ではない参院選で負けたからといって退陣するのはスジが通らない」と考え、その旨を記事にしてきただけに、「今さら辞めるなら参院選敗北が決まったときにすかさず決断すれば良かったのに」と憤懣《ふんまん》やるかたなかった。

怒りにまかせて翌日付の記事で、安倍を「政治的死者」とまでこきおろした。1度首相を辞めた政治家が、再び首相の座に就いたケースは、昭和30年（1955年）の自民党結党以降、誰もいなかったことも頭の片隅にあった。

それから2週間近くのち、内閣総辞職の前日、安倍は病気を押して臨んだ記者会見で

「この1カ月、体調が悪化し続け、自らの意志を貫くための基礎となる体力に限界を感じた。もはや首相としての責任を全うし続けることはできない」と、健康問題が辞任の最大の理由あったことを明らかにした。

先に述べたとおり、「消えた年金」問題をはじめ、不祥事が次々に表面化するなか、酷暑のなか、参院選での全国遊説というハードスケジュールをこなし、そのうえ大敗北を喫したとあっては、もともと抱えていた持病が悪化したのも当然であった。

会見を聞きながら、「そんなに病状がひどかったとは知らなかった。『政治的死者』なんてことを書かねば良かった」と後悔したものの、覆水盆に還らず。第1次安倍政権のキャッチフレーズであった「再チャレンジ」を5年後に自ら実践するとは、夢にも思わなかった。わが不明を恥じ入るばかりである。

安倍政権のあと、福田康夫、麻生太郎が首相の椅子に座ることになるが、いずれの政権も1年とは持たなかった。

平成19年の参院選で与党が大敗し、参院は野党が主導権を握る「衆参ねじれ」状態となったため、与野党対決法案は何一つとして成立しなくなった。国政は大いに停滞し、有権者は自民党を見放して平成21年9月の衆院選で、民主党が大勝。ついに政権交代が実現したのである。

安倍が口癖にしている「悪夢のような民主党政権」は、実は、第1次安倍政権の失敗によって招来されたことがおわかりになったことだと思う。

つまり、結果として民主党に政権をとらせ、この国に「悪夢のような3年間」を招いた罪は十分、「戦犯」に値する。

しかし、安倍は雌伏の年月を経て、今度は「救世主」として復活するのである。

●そして「救世主」となる

【図表4】を見てわかるとおり、各政権の期間は、福田内閣約10カ月、麻生内閣約1年、その後の鳩山・菅・野田の3代にわたる民主党内閣は通算約3年3カ月であったから、第2次安倍晋三内閣が発足するまで5年を要したことになる。

この間、安倍がどのような思いで過ごしたかは想像に難くない。安倍の周りからは潮が引くように人が寄りつかなくなった。先に書いたように、それまでの自民党の長い歴史のなかで、1度、首相を辞めた者が2度と再び天下を獲ることはなかった。あの田中角栄でさえなし得なかったのだから、ほとんどの政界関係者は、彼が首相として復活するとは夢にも思わなかった。まして退陣の主たる要因が病気に由来したものだ、と本人が告白したのだからなおさらだ。

図表4　第1次安倍内閣以降の政権の経過

第1次安倍晋三内閣	平成18年(2006年)9月26日 〜平成19年(2007年)8月27日
第1次安倍晋三改造内閣	平成19年(2007年)8月27日 〜同年9月26日
福田康夫内閣	平成19年(2007年)9月26日 〜平成20年(2008年)8月2日
麻生太郎内閣	平成20年(2008年)9月24日 〜平成21年(2009年)9月16日
鳩山由紀夫内閣	平成21年(2009年)9月16日 〜平成22年(2010年)6月8日
菅直人内閣	平成22年(2010年)6月8日 〜同年9月17日
第1次菅直人改造内閣	平成22年(2010年)9月17日 〜平成23年(2011年)1月14日
第2次菅直人改造内閣	平成23年(2011年)1月14日 〜同年9月2日
野田佳彦内閣	平成23年(2011年)9月2日 〜平成24年(2012年)1月13日
第1次野田佳彦改造内閣	平成24年(2012年)1月13日 〜同年6月4日
第2次野田佳彦改造内閣	平成24年(2012年)6月4日 〜同年10月1日
第3次野田佳彦改造内閣	平成24年(2012年)10月1日 〜同年12月26日
第2次安倍晋三内閣	平成24年(2012年)12月26日 〜平成26年(2014年)9月3日
第2次安倍晋三改造内閣	平成26年(2014年)9月3日 〜同年12月24日
第3次安倍晋三内閣	平成26年(2014年)12月24日 〜平成27年(2015年)10月7日
第3次安倍晋三第1次改造内閣	平成27年(2015年)10月7日 〜平成28年(2016年)8月3日
第3次安倍晋三第2次改造内閣	平成28年(2016年)8月3日 〜平成29年(2017年)8月3日
第3次安倍晋三第3次改造内閣	平成29年(2017年)8月3日 〜同年11月1日
第4次安倍晋三内閣	平成29年(2017年)11月1日 〜平成30年(2018年)10月2日
第4次安倍晋三改造内閣	平成30年(2018年)10月2日 〜　?

だが、天は安倍を見放さなかった。開発された新薬で安倍は奇跡の回復を遂げる。
第1次安倍内閣の失敗は、経験不足と経済ブレーンの不在が、その最大要因であったと本人も痛切に感じたのだろう。「美しい国」というきれい事に過ぎるキャッチフレーズだけでは、不況に苦しむ人々の心に響かなかった現実を身を以て知ったことが、彼を変えた。

元気を回復した安倍は、山梨県の別荘に学者やジャーナリスト、経営者をはじめ、さまざまなジャンルの人々を呼び寄せ、再チャレンジのための勉強を重ねた。

ことに経済分野は、自民党が下野すると手のひらを返したように民主党にすり寄った財務省への不信感が強かったこともあり、リフレ派経済学者の岩田規久男（元日銀副総裁）をはじめ在野の学者やジャーナリストも呼んで、懸命に勉強した。それが「アベノミクス」の誕生につながったのは言うまでもない。

短命に終わった第1次政権ののち、月に1度のペースで東京・台東区谷中にある臨済宗の禅寺「全生庵」に通っていたことはよく知られている。中曽根康弘が首相在職中、毎週1度この全生庵で座禅を組むのを欠かさなかったというが、安倍もまた、トップに君臨する者が強いられる重圧に耐えるべく、胆力を養う必要を感じたのだろう。

人は誰しも打たれて強くなると言われているとおり、安倍は辛酸をなめたが故に強くなり、再チャレンジに成功した結果、長期政権を維持することができた。

第２次安倍政権は平成24年12月にスタートしたが、その前月、首相だった野田佳彦が党首討論で「衆院を解散する」と宣言した当日の日経平均株価は、８６６４円に過ぎなかった。円相場も１ドル80円を割る円高だった。

安倍が政権に復帰することが確実になると、株式市場は沸騰し、円も即座に円安に転じた。今では株価は２万円台を超え、失業率は低水準を維持している。

あのまま民主党が政権を維持していたら、東京五輪どころではなく、日本経済は奈落の底に落ちていただろう。そういう意味で、安倍は平成の「戦犯」から「救世主」に変身したのである。

しかし、残念ながら長期政権は、弊害をもたらす。トップが変わらないと、役人だけでなく政治家も上を忖度《そんたく》するようになり、国土交通副大臣だった塚田一郎の「下関北九州道路」の整備をめぐる忖度発言での辞任は、その端的な顕れだ。

簡単な話、トップが変わらなければ、下は追従して出世していくしかないという構造が常態化していくわけで、これは何も安倍内閣に始まったことではない。

起源は、橋本龍太郎が打ち出した中央省庁再編を目標に据えた「橋本行革」にある。平成10年（１９９８年）に中央省庁等改革基本法が成立し、平成13年（２００１年）１月に１

府21省庁から1府12省庁になった）のときからの流れである。各省庁の首脳人事は、首相官邸の同意なくしてできなくなり、人事権が官邸に集中するようになったためである。

●令和も「救世主」でいられるか

安倍政権のこれまでを振り返ってみて、「アベノミクス」という名の経済政策が、奈落の底に落ちかけた日本経済を救い、功を奏した事実は、野党と安倍嫌いの朝日新聞以外は、常識ある人々が認めるところだろう。

民主党政権から第2次安倍政権に変わる直前から、株価が右肩上がりに転じ、平成25年（2013年）3月に就任した日銀新総裁、黒田東彦《はるひこ》の「異次元の量的金融緩和政策」の発表によって、民主党政権時に低迷していた日経平均株価が一気に1万7000円台にまで上昇したことは、アベノミクスの「第1の矢」である金融政策の功績と言えるし、これは株式投資家でなくともよく知られているところだ。

しかし、「第1の矢」以外の、「第2の矢」「第3の矢」は、いまだ道半ばであり、官邸ホームページにはアベノミクス第2ステージの成果が紹介されているものの、「第1の矢」以外に安倍政権の大きな功績と呼べる経済政策は見当たらないし、むしろさまざまな課題を抱えたままという印象のほうが強い。

目を外交に転じると、「世界の嫌われ者」というキャラクターの持ち主であるトランプの懐に飛び込み、日米関係を盤石にしたものの（まあ、それだけでも大変なことなのだが）、そのほかの課題には目立った成果を得ていない。

典型例が、北方領土問題をめぐる対露外交である。

今年（平成31年）1月に河野太郎外相はラブロフ外相と会談した際、北方領土問題について、露外相が「第2次大戦の結果として北方4島はロシア領になった。日本がその経緯を認めない限り領土交渉の進展は望めない」と語った。日本は「北方4島は日本の領土」という従来の主張を覆してまで、交渉に臨む必要はない。

このような無理難題を出してきて、翻弄《ほんろう》し、領土は1ミリも返さず、日本から経済協力だけを得ようとするのがロシアの常套《じょうとう》手段である。

たとえ「2島+アルファ」という妥協案を出したとしてもロシアは受け入れないだろうし、4島はもちろん、小さな岩礁1つさえも、彼らは返す意志を示さないだろう。

対中外交もいかにも生ぬるい。とりわけ注目されるのが、中国で拘束されている日本人の救出という難題である。

今年2月、大手商社・伊藤忠商事の男性社員が、スパイ行為に関与したなどとして中国広州市で約1年前から身柄を拘束され、すでに起訴されているというニュースが報道された。

このほか、2015年にスパイ容疑で中国当局に拘束され、2018年7月に実刑判決が言い渡された神奈川県と愛知県の男性2人。2017年3月には温泉開発のために地質調査に行っていた邦人男性6人が山東省と海南省で拘束され、うち2人が逮捕、起訴されるなど、2015年以降、中国当局はスパイ行為の疑いで拘束した日本人に対して、次々に実刑判決を下している。

首相は、こうした日本人拘束問題について、平成30年（2018年）10月の日中首脳会談で前向きな対応を求めたが、習主席は聞く耳を持たなかったようだ。官房長官の菅義偉《すがよしひで》も「邦人保護の観点からできる限りしっかり支援していきたい」と述べるにとどまっている。

しかし、邦人保護は日本政府の当たり前の責務であって、中国が身柄拘束から判決にいたるまでの根拠を示さないまま日本人の自由を奪ったことは、由々しき重大な人権侵害である。それにしても1年もの間、伊藤忠商事社員の拘束を公にしてこなかった日本政府と伊藤忠商事の対応は、なんとも情けないと言うほかない。

ほぼ同時期の平成30年（2018年）12月1日、中国の通信機器大手・華為技術（ファーウェイ）の孟晩舟《もうばんしゅう》副会長が、米国の要請（イラン制裁違反の容疑）でカナダ当局に逮捕され、これに対して中国外務省の報道官は「理由を示さないままの拘束は人権侵害だ」と述べ、カナダ当局を非難したが、日本人を次々に拘束しておきながら、人権侵害を振りかざして訴えるのは笑止千万であり、あきれるばかりだ。

中国外務省は同月８日、カナダの駐中国大使を呼びつけて、孟副会長を即時釈放しなければ、何らかの対抗措置を取ると示唆していたとおり、その３日後の11日、中国当局は中国で活動するカナダの元外交官を拘束している。

その後、孟副会長は保釈されたが、カナダに滞在したままの、いわば軟禁状態であり、中国当局に拘束されたカナダ元外交官については、いつ解放されるのか予断を許さない。

それに引き替え、日本政府の対応は生ぬるすぎる。

日本の政財界には日中関係の好転を歓迎し、中国に厳しい発言を控える傾向がある。しかし、それで事態は好転するはずはない。中国当局の日本人拘束に対して有効な手を打たない日本政府を「何をやっているんだ」と、保守層はもっと叱るべきなのである。

中国当局に遠慮して日本人の不当な拘束、逮捕、起訴、投獄に目をつむるようでは、対中外交の正常化などあり得ない。

●「令和の戦犯」という悪夢

消費税率10％実施までのカウントダウンが始まった。

消費税率の引き上げは、平成27年（2015年）10月に8％から10％に引き上げられる予定だったが、平成29年（2017年）4月に延期され、さらにもう1度延期されて令和元年（2019年）10月になった経緯がある。

政府は、最初の延期の理由については、世界経済の情勢悪化、増税後の消費の冷え込みなどの懸念であり、再延期の理由もまた、世界経済の低迷、これにともなう日本経済低迷のリスクを回避するためだったとしている。

しかし、膨らみ続ける社会保障費、法人税減税による税収の目減りなどによって日本の財政状況は悪化しており、もはや消費税増税は避けられないということから、令和元年（2019年）10月から10％への引き上げが、ほぼ確定した。

だが、この選択は、間違いだった、と私は思う。せっかく「アベノミクス」によって景気が回復したにもかかわらず、5％から8％に引き上げたことによって経済成長に急ブレーキがかかった前回の二の舞となる可能性大だからである。

消費税は、経済情勢に左右される所得税や法人税等と異なり、税収が安定して確保できるため財務省のお役人にとっては、15％でも20％でもとりたいのが本音だ。だが、消費税を上げれば、必ず消費は冷え込み、回復に相当の時間がかかるのは、過去の例が雄弁に物語っている。

財務省は消費増税で将来不安が消え、景気が上向くと主張してきた。だが、増税によって国民の消費行動が低下すれば、そのドミノ現象が日本経済全体に及ぶことになり、財務省の思惑とは真逆の状況になる。

ノーベル経済学受賞者であるポール・クルーグマン米プリンストン大学名誉教授も政府の「国際金融経済分析会合」に招かれた際、安倍に消費税増税を見送るよう進言し、内閣官房参与の浜田宏一米エール大学名誉教授との共著『２０２０年世界経済の勝者と敗者』では、「（５％から８％に）増税した消費税を一時的に（もとの５％に）減税すべきだ」と主張している。

さらには自由民主党内にも、消費税増税に反対する声があって、衆参若手議員約30名でつくる「日本の未来を考える勉強会」が、消費税増税の凍結と20兆円超の景気対策を求める提言書を首相と自民党幹事長に提出した。

平成26年（２０１４年）４月の５％から８％への消費税増税で経済成長が鈍化したことは確かで、日銀が目指していた２％の物価上昇もデフレ脱却もいまだに果たしていないわけだから、彼ら若手議員の「政権奪還後5年以上経過してもなお、この状況のままでは、自民党政権の信任にも関わると危惧する」という提言は、頷《うなず》ける話だ。

だが、首相は消費税率10％への引き上げを決断してしまった。

令和元年予算には、消費税率の10％引き上げを前提とした景気刺激策が盛り込まれており、すでに先食いしてしまったものもある。

カード会社やコンビニ、レジ会社をはじめとする消費税に関連するほとんどの企業では、すでに増税に向けた巨額の投資をスタートさせており、事実上、後戻りは不可能な状況にした財務省の作戦勝ちといえる。

盟友の財務相、麻生太郎の顔をつぶすわけにはいかない、という安倍の配慮もあるだろう。しかし、それは大局を見誤った決断であり、消費増税を断行して日本経済が令和早々、失速すれば、安倍は「令和の戦犯」だったと、後世の史家から断罪される可能性さえ出てくる。

予定どおり消費税率を引き上げたい財務省は、米中貿易戦争の影響を過小に見積もっている。

米中の貿易戦争は、今や関税というカテゴリーにとどまらず、香港やチベット、新疆ウイグル自治区を舞台にした人権問題、南シナ海の覇権をめぐる攻防など全面対決の様相を呈している。近い将来、トランプと習近平とが握手して、簡単に解決できる問題は何一つない。

これはとりも直さず、米国の経済的締め付けによって中国発の恐慌がいつ起こってもおかしくない状況だと認識せねばならない。こういう時期に消費税を上げることは、台風の夜に玄関を開け放って暴風雨を部屋の中に呼び込むようなものだ。

消費税10％への引き上げは、アベノミクスで成功を収め、国民の信任を得た安倍政権の存続を危うくしかねない。令和初となる参議院選挙の結果次第では、衆院解散という伝家の宝刀が抜けなくなりかねないのだ。

●予測がつかない「ポスト安倍」

すでに述べてきたとおり、令和３年（２０２１年）の自民党総裁任期満了を待つことなく、安倍政権が憲政史上最長の長期政権になるのは確実な情勢となった。

安倍は、「令和」という新時代を迎えるにあたって、報道陣を前に感想を述べた際、記者から「さらに続投するお気持ちはありますか」と質問され、「ない」と断言していたが、それは「今はない」という意味であるのは、永田町の常識である。

自民党内には、幹事長の二階俊博を中心に党則を改正して安倍の４選を容認する声が出てきていた。しかし、党内の結束力が損なわれないように、安倍は、総裁4選目を目指す意向はないと発言していたわけで、党内外の警戒心を解き、沈静化を図るための当然のコメントだったと言える。

自民党では、総裁選挙に関して、昭和49年（1974年）に総裁連続3選を禁止する規定が導入されていたが、平成29年（2017年）に任期が「連続3期」に延長されたため、現職の安倍の立候補が可能となり、安倍政権は今日に至っている。

つまり、総裁の任期は別に法律で定められているわけでもなく、自由民主党の党則によるものであるから、党総裁の任期が満了するまでに、総裁任期の党則を改めれば、安倍が4選以上を目指すことは不可能ではない。

総裁任期のはるか以前に安倍4選待望論が出るのも、「ポスト安倍」候補に誰もが認めざるを得ない有力者が見当たらない、という情けない現実があるからだ。

これまで、自民党総裁選で安倍の対立候補と言えば、石破茂だった。

石破は、過去3回総裁選に出馬し、2回目の平成24年（2012年）9月の総裁選では地方票で安倍を上回り、あと一歩まで迫った。

しかし、3回目の平成30年（2018年）9月の総裁選では票差を広げられ、同志である石破派の面々もポストで一本釣りにあったり、ちょっとした意見の食い違いを理由に1

人去り、２人去りしている。ここが我慢のしどころだが、１度、自民党を離党した者は、首相になれないという河野洋平のジンクスが重くのしかかっている。

自民党の最古参派閥・宏地会を継承している岸田文雄は、以前から「ポスト安倍」の一番手として取り沙汰《ざた》されているが、どうにも影が薄い。前回（２０１８年９月）の総裁選に出馬しようとしたが派閥の長老から「時期尚早」と止められたこともあって出馬を断念しており、なんとも迫力不足だ。

安倍が重用している外相の河野太郎は、キャラクターは立っているものの、政治的経験が不足している。第１次安倍政権での安倍がそうであったように、いきなり首相の重責は担えない。これは、小泉進次郎にも同様のことがいえ、進次郎が本気で総理総裁を目指すのなら、国会対策で汗を流し、副大臣で政策や官僚掌握術を学ぶ、といった奇をてらわない「王道」を進むことだ。茂木敏充、加藤勝信あたりも総裁候補にあげられなくもないが、力量、人望ともにまだまだ、である。

安倍が、党則に従って３期の任期をまっとうし、総理総裁の座を誰かに譲るとしても、キングメーカーとして政界に強い影響力を与え続けるのは間違いないところだろう。

その場合、最有力候補として浮上するのが、官房長官として安倍政権を支え続けている「令和おじさん」こと、官房長官の菅義偉である。

「安倍政治」をしっかりと継承し、選挙の顔としても期待できるからだが、70歳をとっくに過ぎた菅では、世代交代の流れとは明らかに逆行する。

それでもほかにいない、というのが今のところの結論である。

要は、安倍の後継者が誰も育っていないのである。「安倍1強」は党内の安定をもたらせたが、自民党内に安倍の脅威となり得る政治家、切磋琢磨する相手が存在しないというのは、自民党のみならず、日本政治にとっても決して良いことではない。

宰相候補となり得る後進を育成する、というのも安倍に課せられた重い課題である。

●「戦後レジームからの脱却」こそ

安倍晋三が令和においても「救世主」たり得るかどうか。

その道は極めて厳しい、といわざるを得ない。消費税問題もさることながら、首相が訴えてきた「戦後レジームからの脱却」が、いまだできていないからである。つまり、首相の悲願でもある「憲法改正」が、なかなか政治日程にあがってこないのだ。

首相が訴えてきた「戦後レジームからの脱却」の意味をよくよく考えてみると、憲法改正に行き当たる。

ジェラルド・カーチスといった、どちらかといえばリベラル系外国人学者は「戦後レジームからの脱却」に不審の目を向けている。

つまり、占領下でGHQがつくった憲法にせよ教育システムにせよ、男女平等といった価値観にせよ、戦後の長い時間をかけて多くの日本国民に受け入れられ、日本のものになっているではないか、と彼は主張している。これは日本の護憲派の見解とほぼ大差ない。

しかし、「GHQがつくった体制は、すでに日本の血肉になっている」という見解それこそが、洗脳であり、GHQに押しつけられた憲法を改正して初めて、日本は戦後レジームから脱却する、したがって憲法改正が必要不可欠だというのが、改憲派の見解なのである。

改憲派としては、乾坤一擲《けんこんいってき》、安倍政権の時代に憲法改正を断行してほしい、と願っている。何しろ、ポスト安倍候補を見渡しても、安倍ほど憲法改正を自らの使命と考えている政治家はいないからだ。

公明、維新両党を含めての話だが、安倍政権下で衆参で改憲発議に必要な3分の2以上の改憲勢力を占めたことは、戦後初めてのことである。

にもかかわらず、改憲は具体的に進んでいるとは言いがたい。

2年前の夏、突如として平成天皇が、生前退位の意向を示され、200年ぶりの譲位という前代未聞の難題に政府挙げて取り組まねばならず、そういった時期に国論を2分する憲法改正という問題を国会に持ち出すのを控えた、という事情があったのは確かだ。

だが、御代替わりに伴う一連の儀式が令和元年の秋で一段落する以上、待ったなしで取り組んでもらいたい。

そのためにも衆参ダブル選を断行し、改憲勢力を衆参とも3分の2以上に維持してもらいたかったところだが、いまさら言っても詮無《せんな》いことである。

まず、改憲の最大の障壁といっていい公明党を説得し、野党の改憲勢力を糾合してこそ、令和の「救世主」たり得る。

政権は長きが故に貴からず。何をやったか、やり遂げたかが最も重要であるのは、ご本人が最もよくわかっているはずである。

与党も野党も対米依存症

令和時代の今、日米安全保障条約について一般の国民がどのように思っているのか。

日米安保条約を締結しているとはいっても、駐留米軍の経費など、必要以上の負担を押しつけられると困るという見方が大勢を占めている。そこには米軍に守ってもらうのはいいが、できるだけカネは出したくない、基地の騒音なんてもってのほかだ、という本音が見え隠れする。

しかし、戦後74年にわたって、同盟国とはいえ、沖縄だけでなく、首都東京とその近郊にも横田、横須賀など大規模な米軍基地が存在する先進国は、世界広しといえども日本だけである。しかも大多数の国民は、基地問題イコール沖縄問題としてとらえ、自分には関係ないと言わんばかりに無関心なのである。

この現実は、自力でわが身を守ろうとしてこなかった戦後の精神を雄弁に物語っている。自ら安全保障について考え、行動することを拒否しているに等しく、こうした状況が継続してきたからこそ、親米の自民党主導政権が長きにわたって続いてきたと言える。日米安全保障条約反対、と声高に叫んでいた社会党も村山富市が首相になった途端、あっさりと容認に１８０度転換した。

社会党のＤＮＡを一部受け継いだ民主党も、鳩山由紀夫が「トラストミー」と米大統領のオバマにすがりついたように、国の政策の根幹である安全保障政策での米国依存という基本姿勢は、自民党と何ら変わりはなかった。

要は、与党も野党も、終戦直後に味わった敗戦国意識、少々、きついことをいえば、負け犬根性から70年以上も抜け出せていないのである。

ＧＨＱ（連合国軍総司令部）に押しつけられた「日本国憲法」を象徴する条文を示すなら、前文の「平和を愛する諸国民の公正と信義に信頼して、われらの安全と生存を保持しようと決意した」に尽きる。

「平和を愛する諸国民」とはいったい、どこの国のどんな国民なのか？

広島、長崎に原爆を投下し、市民を無差別に殺戮《さつりく》したアメリカの国民なのか？　いやいや、日ソ中立条約を破って満州になだれ込み、居留民を虐殺しただけでなく、降伏した兵士を凍土のシベリアに連れ去り、抑留したソ連の国民なのか？

地球上のどこにも存在しない「平和を愛する諸国民」を信頼し、自らの安全と生存を委ねる精神のありようを、普通は「植民地根性」という。

憲法９条を後生大事に金科玉条としている「護憲派」の人々は、いまだに植民地根性から抜けきっていない。

野党は、〝平和憲法〟を振りかざして、改憲反対、自衛隊の海外派遣反対、日米安全保障条約は不平等、沖縄から出て行けなどと叫んできただけで、これといった対案もなく（昭和の昔、社会党委員長を務めた石橋某が非武装中立論を唱えていたが、当時小学生だった私でさえ非現実的だと思うほど「子供だまし」もできないシロモノだった）、肝心要の日米安全保障条約そのものの核心について問えば、ぼやかしてきたというのが、彼らの本性なのである。

共産党も終戦直後、日本国憲法を審議した国会で、天皇条項だけでなく、９条についても「国家の独立を損なう」として堂々と反対していたのに、昔から「護憲の党」だったように振る舞うのはいい加減、やめたほうがいい。

もし、野党が本気で政権を奪還し、膠着《こうちゃく》状態になっている沖縄問題を解決しようとするならば、いい方法がある。

彼らこそが、われわれ自らが国を守り、世界の平和を維持するため、自衛隊ではなく、「日本軍」として再出発し、米軍基地をなくします、と主張すべきなのだ。そのうえで、米中露とうまく付き合い、世界秩序の安定に貢献していくという覚悟を示せば、その姿勢に共感する国民は決して少なくないだろうし、政権奪還への道が見えてくるはずだ。

とはいえ、そのような政府与党の先を行く考えや政策を打ち出した政治家が誰ひとり出てこないから、ほぼ永続的に現実を重視した自民党主導の政権が続いてきたのである。

つまり、与党も野党もやってきたことは吉田茂政権の昔から、安全保障政策はすべてアメリカにお任せであり、民主党に政権が移ったときも、「政権交代」と大々的に喧伝《けんでん》しながらも根本の姿勢が変わり映えしなかったから、すぐに国民から相手にされなくなった、ということだ。

安倍晋三が唱えてきた「戦後レジームからの脱却」が、依然として果たせていない問題についてはすでに書いたが、安全保障政策の概念が欠如している野党は、結局、自衛隊の装備品をアメリカから買うのを減らすべきだ、という程度のことしか提言できていないわけである。

●「吉田ドクトリン」の呪縛

与野党にこびりついている対米依存症の根はあまりにも深い。

昭和20年（1945年）から昭和27年（1952年）まで続いた占領下において日本政府は、朝鮮戦争における方針の対立で米大統領、トルーマンに解任されるまでGHQ総司令官として日本に君臨したマッカーサーの機嫌をとりむすぶことを何よりも優先し、GHQの要求を丁重に取り扱わねばならなかった。

安全保障政策においては、いわゆる「吉田ドクトリン」と呼ばれた占領下の吉田茂政権の姿勢がそのまま、占領後も引き継がれていった。

その基本原則は、安全保障を米国に依存しながら軽武装を維持しつつ、経済の復興と発展を最優先し、戦後日本の国際的地位の回復を図ることだった。

昭和27年（1952年）4月28日、日本の独立を約束する「サンフランシスコ平和条約」

に吉田茂首相がサインをし、同日、日米間の安全保障条約も締結・発効され、占領後は政権が変わるのが普通であるものの、同じ敗戦国のドイツと違って吉田政権が引き続き日本の政治を担うことになった。

そして、昭和29年（１９５４年）12月10日、吉田茂内閣の後を引き継いで鳩山一郎内閣が発足し、その翌年10月に左派右派に分かれていた社会党が統一されて、政権獲得を掲げたことに保守勢力の自由党と日本民主党が危機感を抱き、両党合同の自由民主党が昭和30年（１９５５年）11月15日に創立された。

自民党創立以降、総裁は鳩山一郎から石橋湛山《たんざん》（昭和31年12月就任）、岸信介（昭和32年3月就任）へと引き継がれていき、いわゆる自民、社会両党による「55年体制」が確立していった。

鳩山一郎首相は、アメリカが東側陣営と対峙《たいじ》するために、対日工作をいろいろ講じてくるなかで、吉田ドクトリンと離れて自主憲法への道を模索しつつ、昭和31年（１９５６年）10月12日にモスクワを訪問し、ニキータ・フルシチョフソ連共産党第１書記らとの首脳会談に臨んだ。

その際、焦点となっていた北方領土問題については、まず国交回復を先行させ、平和条約締結後にソ連が歯舞・色丹の２島を日本に返還するという前提で、改めて平和条約の交渉を実施するという合意がなされ、同月19日、鳩山首相とソ連のニコライ・ブルガーニン首相が「日ソ共同宣言」に署名し、12月12日に東京で批准書が交換され発効することになった。

この2島返還の背景には、日本をアメリカから引き離そうというソ連の思惑があったわけだが、「日ソ共同宣言」以降、すでに半世紀以上経過しているのに、ソ連との国交回復はできたものの、北方領土問題は今なお据え置かれたままであり、何も変わっていない。

鳩山一郎のあと、首相に就任した石橋湛山は、中華人民共和国など他の共産圏とも国交正常化することを主張していたため、石橋政権が樹立された際は、日本を〝反共の砦《とりで》〟にすることを目論んでいたアイゼンハワー米大統領を狼狽させた。

石橋湛山は首相就任後、全国10カ所を9日間でまわるという遊説行脚を敢行し、遊説先から帰京した直後に自宅の風呂場で倒れてしまい、「遊説中にひいた風邪をこじらせ肺炎を起こしたうえに、脳梗塞の兆候もある」と報道発表された。この事態を受けて、ただちに外相を務めていた岸信介が総理臨時代理となり、石橋湛山は退陣して岸信介が首相の座に就くことになった。

幸い石橋の脳梗塞の症状は軽く、若干の後遺症は残ったものの、まもなく政治活動を再開するまでに回復していることから、石橋退陣については謀略説も持ち上がり、日本現代史のミステリーの１つになっている。

岸信介は、東条内閣の商工相として開戦の詔書に署名し、戦時の経済を仕切っていた立場であったために、A級戦犯被疑者として3年半巣鴨プリズンに拘束されていたが、東条英機ら7名のA級戦犯が処刑された翌日の昭和23年（１９４８年）12月24日に不起訴のまま無罪放免されている。

無罪放免された背景については、アメリカが岸を利用価値があると見込んでいたからといわれ、連合国軍の占領が終わった翌年の昭和28年（１９５３年）に岸は政界への復帰を果たし、その後わずか4年で、先述したとおりの理由で急遽、石橋首相のあとを引き継いでいる。

首相に就任した岸は、アメリカの支援の下、鳩山・石橋と異なる反共路線を推進しつつも、日米安保条約の不平等性を訴え、昭和35年（１９６０年）5月に新条約案を強行採決した。

「サンフランシスコ平和条約」の締結時に、同時に締結・発効された日米安全保障条約の前文には、米軍がひき続き日本に駐留し、日本は基地を提供するように定められていたが、アメリカが他国の侵略から日本を防衛する義務については定められておらず、日本の義務のみを定めた片務的なものであったため、新条約案を提示し、日米安全保障条約を改定する必要があったわけだ。だが、いわゆる「60年安保闘争」が次第に激化していったのは周知のとおりである。

岸信介は3度死を覚悟したと後日述懐しており、1度目は商工大臣のあと軍需次官を務めていた際、東条から辞表提出を迫られたものの、これを拒否したために自宅に押しかけてきた東条側近の憲兵隊長から恫喝《どうかつ》されたとき、2度目はA級戦犯の被疑者として逮捕されたとき、そして、3度目が安保改定の際に首相官邸がデモに取り囲まれたときだったという。

デモ隊は東京・渋谷区南平台の岸邸近くまでに及び、家から一歩も出られなかった。当時、祖父に当たる岸のもとを父・安倍晋太郎らと共に訪れていた安倍晋三は、自著『美しい国へ』（文春新書）のなかで、「子どもだったわたしたちには、遠くからのデモ隊の声が、どこか祭りの囃子《はやし》のように聞こえたものだ。祖父や父を前に、ふざけて〈アンポ、ハンタイ、アンポ、ハンタイ〉と足踏みすると、父や母は〈アンポ、サンセイ、といいなさい〉と、冗談まじりにたしなめた。祖父は、それをニコニコしながら、愉快そうに見ているだけだった」と回想している。

初の自由民主党総裁・鳩山一郎と反鳩山派の岸信介が対立し、その後約60年を経て、前者の孫・鳩山由紀夫と後者の孫・安倍晋三が政権を争奪するようになったことには、どうしても因縁めいたものを感じてしまう。

●同じ敗戦国でもドイツとは違う

「護憲派」の人々はよく、同じ敗戦国でもドイツは心から謝罪しているが、日本は謝罪どころか、ちっとも反省もしていない、と非難している。あまりにも歴史を知らない短絡的な発想だ。

戦争犯罪について日本は東京裁判（極東軍事裁判）、ドイツはニュルンベルク裁判という形で裁かれたわけだが、両者には決定的な違いがある。

日本は戦争責任の所在が曖昧《あいまい》のまま東条英機以下、首相や外相、それに軍首脳陣が「共同謀議」という形で罪を背負う形になったが、あまりにも現実と乖離《かいり》していた。それが証拠に、元首であった昭和天皇は、訴追もされていない。

一方、ドイツの場合は「死人に口なし」で、戦争責任をすべてヒトラーのせいにすることができた。ユダヤ人のホロコーストもソ連や東欧諸国におけるドイツ占領下での大量殺戮も、ヒトラー総統の仕業であり、ドイツ国民は「自分たちは命じられたことを実行しただけ」、「われわれはオーストリア生まれのヒトラーという外国人に騙されたのだ」と、言い逃れすることができ、かつ心理的葛藤もなく謝罪できたのである。軍隊の再建も早かった。

ドイツは日本と同様に戦後、軍は解体されたものの、分断された東西ドイツを占領していた国々の思惑によって、東ドイツには「国家人民軍」、西ドイツには「ドイツ連邦軍」という名の軍隊が設置され、「ベルリンの壁崩壊」後、ドイツ連邦軍として統一された。

日本の場合、ドイツと置かれた状況があまりにも異なっていたのである。

アメリカは、1950年に勃発《ぼっぱつ》した朝鮮戦争の経験から地政学的な日本の利用価値を再認識したものの、日本国憲法第9条で「戦力の放棄」を盛り込んでしまったがために、正式な軍隊を設置できなかった。昭和25年（1950年）8月に設置された警察予備隊が陸上自衛隊として整備されたのはその4年後のことだった。

日本は冷戦下でアメリカの核の傘の下に甘んじる道を選び、その後、防衛庁、防衛省と変遷し、実態は軍隊であっても、世界でもまれな専守防衛を旨とする「軍」を名乗らない「自衛隊」という実力組織を保有する国になったわけである。

ドイツは集団安全保障機関のNATO（北大西洋条約機構）に加盟していることから、国連安全保障理事会の決議等に基づき、2002年にドイツ連邦軍をアフガニスタンに派遣し、約5000人の将兵を駐屯させて、タリバンとの戦闘で55人の戦死者を出している。しかし、ドイツ国内には、戦死者を出したことを問題視する声は国民・メディア・政党からほとんど上がらなかったという。

　国際貢献の任務を帯びて軍隊が出動した以上、戦闘による戦死者が出たとしてもやむを得ないと国民のほとんどが理解していたからだ。さて、日本の場合、そのような国民的合意が得られるかと言えば、まず、無理だろう。

　吉田茂のために少し弁護すれば、「吉田ドクトリン」は、占領下で経済的困窮にあえぎ、飢えた国民を救うための窮余の一策で、独立回復後は「普通の国」にしようという考えもあったようだ。

　しかし、占領時代が7年近くも続き、朝鮮戦争における隣国の惨状を見聞きするにつれ、「アメリカにおんぶにだっこで守ってもらうほうが、軍隊をつくるより楽で安上がりじゃないか」と一般人のみならず、政治家もそう考えるようになり、旧軍の悪いイメージが朝日新聞などによって世間に流布されたことも手伝って、昭和の終わり頃には、憲法を改正して正式な「軍隊」を設置し、自主独立の気概を持って国を守るという発想が保守主流派からもほとんど消えてしまったのである。

　確かに、選挙で国論を2分してまで憲法改正断行を声高に主張するよりも、「所得倍増」や「福祉の充実」といった世間体のいい公約を訴えたほうが、有権者に受け、当選の近道だったのは言うまでもない。

だが、日米安保条約があるからといっても、もし米国の大統領が、そろばん勘定に合わないと、日本防衛から退く方針を決めた場合、今のように装備が不十分で自衛隊員のなり手が減っている状態では、現実問題として北朝鮮にも中国にも対峙できない。

安全保障とは覚悟の問題でもある。

覚悟さえしっかりしていれば、方法論はいくらでもある。自らの国を自らの手で守る、という覚悟が欠けていては、どんな最新兵器をアメリカから買っても、いざというときに役に立たない。

東日本大震災で、福島第1原発事故が起きたとき、高濃度の放射能をものともせず、自衛隊のヘリが決死の覚悟で原発の上空から放水した。微々たる量の放水それ自体の効果は大したことがなくとも、その姿に国民は奮い立ち、逃げ腰だった米軍も事故収束に向け全面協力した事実が、覚悟の重要性を雄弁に物語っている。

プロローグで記述したことの繰り返しになるが、日米安保さえあれば大丈夫だ、という思考停止の時代はまもなく終わりを告げる。この国自らが厳しい選択をその都度迫られる新しき時代こそ、日本人は戦後レジームから脱却できる、と信じたい。

第5章　政治不信を加速させたメディアの大罪

「魔の2回生」は政治離れの戦犯？

トランプの名前を持ち出すまでもなく、今やどこの国でもポピュリズム全盛である。SNSの普及も手伝って、理屈をくどくどと語る政治家は疎んじられ、短い言葉で大衆の感性に刺さる言葉を吐き、派手なパフォーマンスができる党首を持つ政党は、あっという間に「風」を得て議席を拡大できるようになった（逆に議席を失うのもあっという間になったのだが）。

日本では、平成17年（2005年）夏、小泉政権下の「郵政解散」総選挙で、小泉人気という強い、強い追い風によって、あまり苦労もせずに当選できたものの、次の総選挙でほとんどが落選した「小泉チルドレン」を嚆矢《こうし》とする。

彼ら彼女らのほとんどは、郵政民営化反対派を自民党から追い出した穴埋めのため、急遽擁立された。「政治とは何か」といった政治の基本すら何の訓練も受けずに永田町に放り込まれたわけで、気の毒な面はあった。

当選早々、「早く料亭に行きたい」「BMWが買える」と口走って話題になった杉村太蔵は、正直な部類で、ほとんどの「小泉チルドレン」が勘違いし、世間を甘く見ていた（だから次の総選挙であらかた落選したのだが）。

この系譜をしっかりと受け継いだのが、自民党が民主党から政権を奪還したときの総選挙で勝ち上がった「魔の２回生」（今や３回生）組である。

彼ら彼女らの勘違いぶりは、「小泉チルドレン」と勝るとも劣らず、バカバカしい振舞いの数々は、結果として国民の政治への参加意識を薄れさせた。

そんな彼ら彼女らを量産してしまった大きな要因は、平成６年（１９９４年）の選挙制度改革、つまり小選挙区比例代表並列制の導入であったことは間違いない。

すでに四半世紀が経過しているが、当時、政権の座にあった細川護熙と野党・自民党総裁だった河野洋平が、この制度改革について平成23年（２０１１年）10月に対談した様子を、元経済企画庁長官の田中秀征が『DAIAMOND online』で記している。

その記事によれば、政府提出の衆議院の選挙制度改革案は、平成５年（１９９３年）11月に衆議院で可決されたものの、翌年１月に参議院で否決されて暗礁に乗り上げ、細川、河野のトップ会談で、細川が自民党案を丸呑みして修正合意したという。

この対談で河野は、選挙制度改革が「政治劣化の一因」となったと指摘し、率直に「忸《じく》怩《じ》たる思い」がしたことを述べると同時に、細川は「小選挙区に偏り過ぎた」ことを悔い

図表5　衆議院議員総選挙の投票率の推移

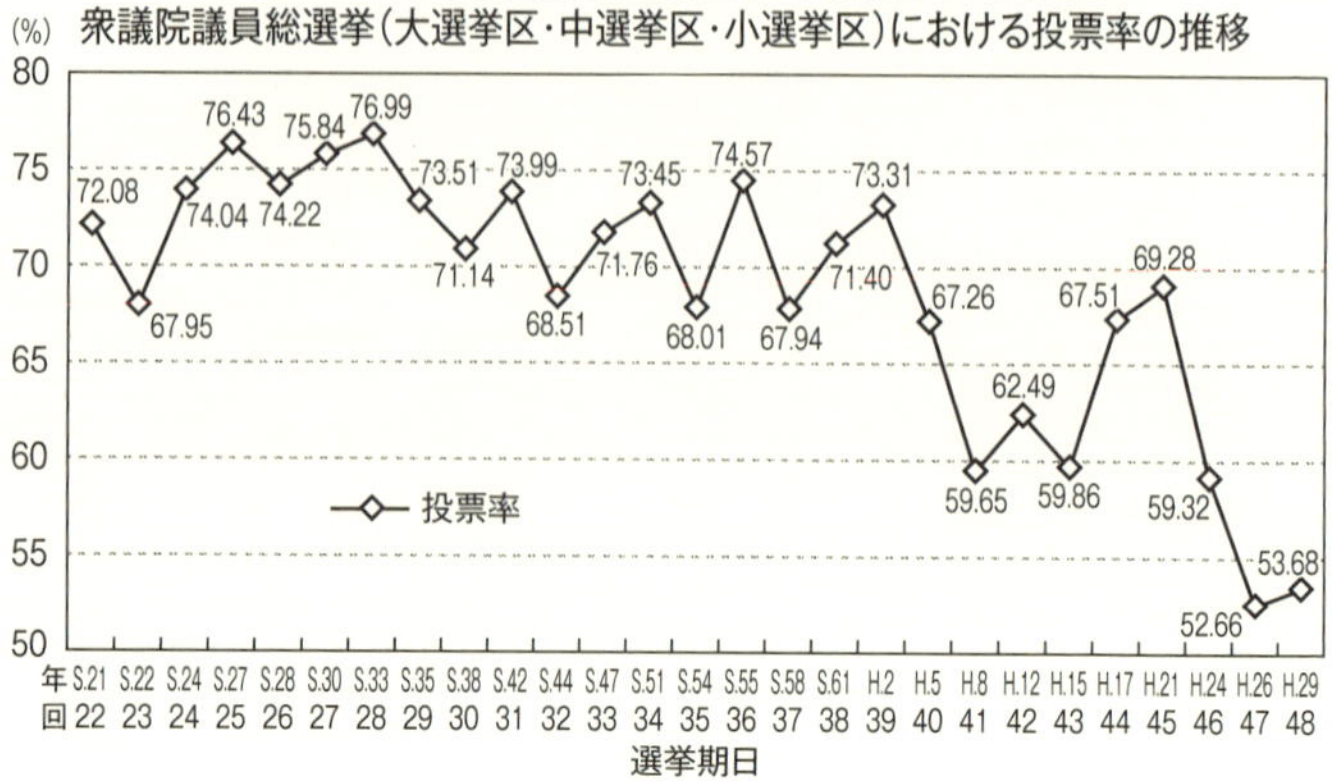

注1　昭和38年は、投票時間が2時間延長され、午後8時までであった。
注2　昭和55年及び昭和61年は衆参同日選挙であった。
注3　平成8年より、小選挙区比例代表並立制が導入された。
注4　平成12年より、投票時間が2時間延長になり、午後8時までとなった。
注5　平成17年より、期日前投票制度が導入された。
注6　平成29年より、選挙権年齢が18歳以上へ引き下げられた。

出典：総務省 HP

てこの新制度の失敗を認めたと田中は記している。

まあ、何を今さら、というのが正直な感想だ。

国民の政治への関心が薄れてきている別の要因としては、国民にとって政治が小難しく、面倒なことと受け止められがちなこと、政治に対する世代間の意識の違いが大きく作用していることなどがあげられる。とりわけ若年層の政治への関心の低さは、由々しき問題である。

国民の政治への関心は、国政選挙の投票率に如実に顕れる。

総務省が発表している衆議院議員総選挙の投票率の推移【図表5】を見ていただきたい。特に注目すべきは、衆議院議員総選挙の小選挙区比例代表並列制が導入された平成８年（１９９６年）の投票率の激しい落ち込みと、選挙権年齢が18歳以上となった平成29年（２０１７年）の投票率の低さである。

前者、平成８年（１９９６年）の衆議院選挙の争点は、当時の橋下龍太郎政権が掲げた消費税増税（３％から５％への引き上げ）の是非、行政改革、財政構造改革であり、政局は自由民主党と新進党の２大政党による政権交代および、「排除の論理」で有名になった第３極として結党された民主党をめぐる攻防であった。

この選挙では野党第１党が政権交代を目指し、第28回衆議院議員総選挙〈昭和33年〈１９５８年〉〉以来、候補者数は38年ぶりに衆議院議員定数の半数を超えた。つまり、小選挙区比例代表並立制ならではの光景だった。

後者、平成29年（２０１７年）の衆議院議員総選挙では、選挙権年齢が18歳以上に引き下げられたものの、投票率は53・68％にとどまり、若年層の政治への関心の低さが如実に顕れた。

前者の選挙結果は【図表６】であり、後者の選挙結果は【図表７】のとおりである。

小選挙区比例代表並立制は、それまでの中選挙区制の、政策本位の論争が行われにくい、選挙が個人本位で選挙費用がかかる、政権交代の可能性が薄い、という欠点を改めることを目的に導入され、一定の成果を上げたのは確かだ。

しかし、選挙の前は与野党ともに、ちょっとした失言をとらえての相手の揚げ足取り、酷い場合は対抗馬の下半身のスキャンダル探し（これが結構効くのも確かだが）に汲々とするばかりで、政策本位の選挙戦と呼ぶにはほど遠い。

例えば、記憶に新しい「モリカケ問題」に関する国会審議のテレビ中継を見ていてもわかるとおり、政策提言よりも相手の人格攻撃に費やす不毛な時間の浪費を否応なしに感じてしまう。

小選挙区比例代表並立制の導入が何をもたらしたかというと、【図表6】と【図表7】を漫然と見ただけでわかるように、第1党への議席集中であり、政党の多さはあまり変わっていない。つまり、これはかつて小沢一郎らが目論んでいた2大政党制が、わが国に根付いていない証でもある。

一方で、自由民主党、公明党、共産党の3政党以外の政党について、その集合離散の過程を正確に把握し、どの政党が如何《いか》なる政治信条で、どのように主張しているかを知る一般有権者は、ごくごく限られている。まして、比例代表という選挙制度は〝人物よりも知名度に頼る〟数合わせの候補者乱立という、いびつな構造をもたらしたわけで、これでは国民の「政治離れ」がさらに助長されるだけである。

図表6　平成8年(1996年)の衆議院議員総選挙の各政党獲得議席数内訳

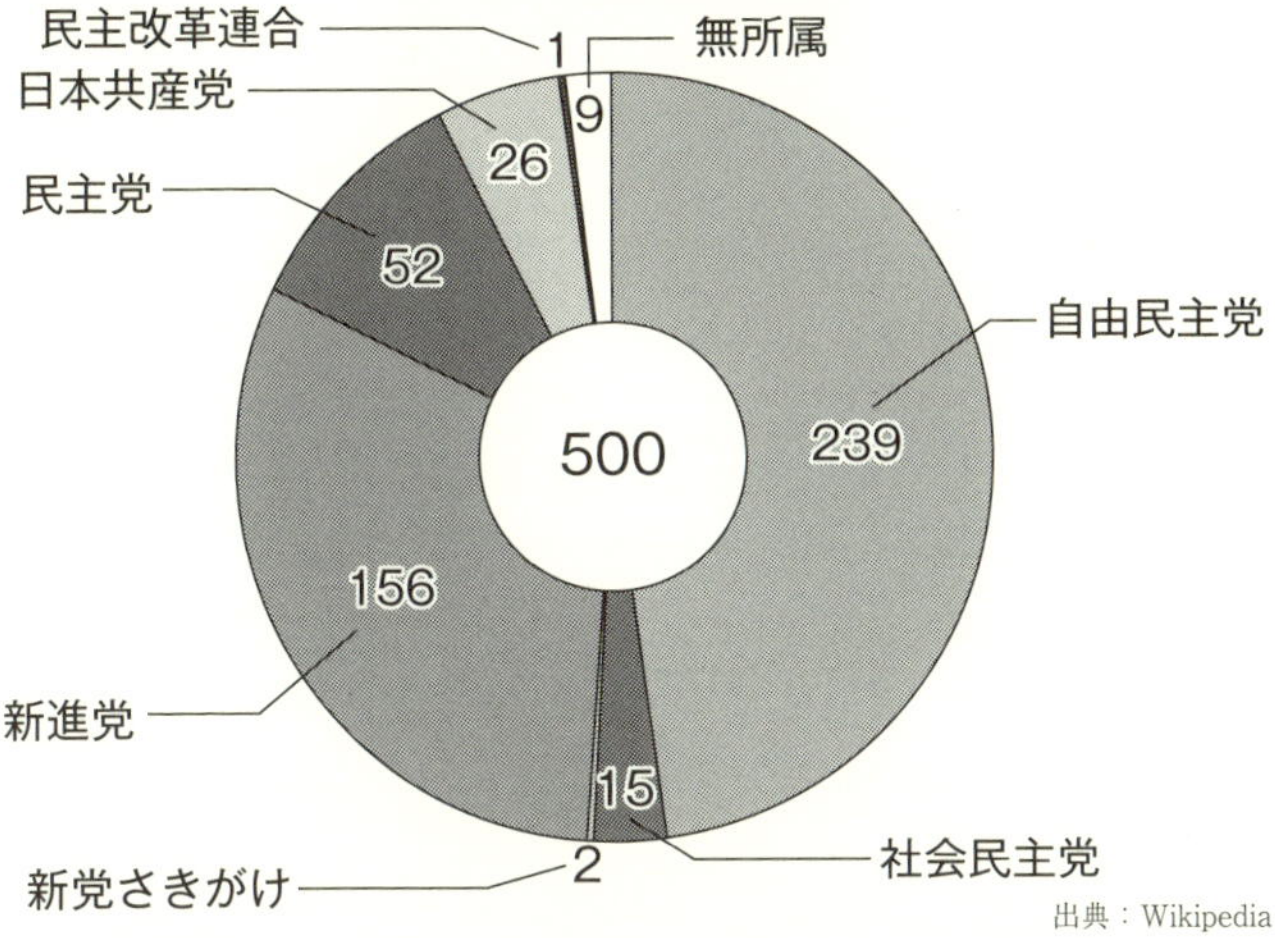

出典：Wikipedia

図表7　平成29年(2017年)の衆議院議員総選挙の獲得議席数内訳

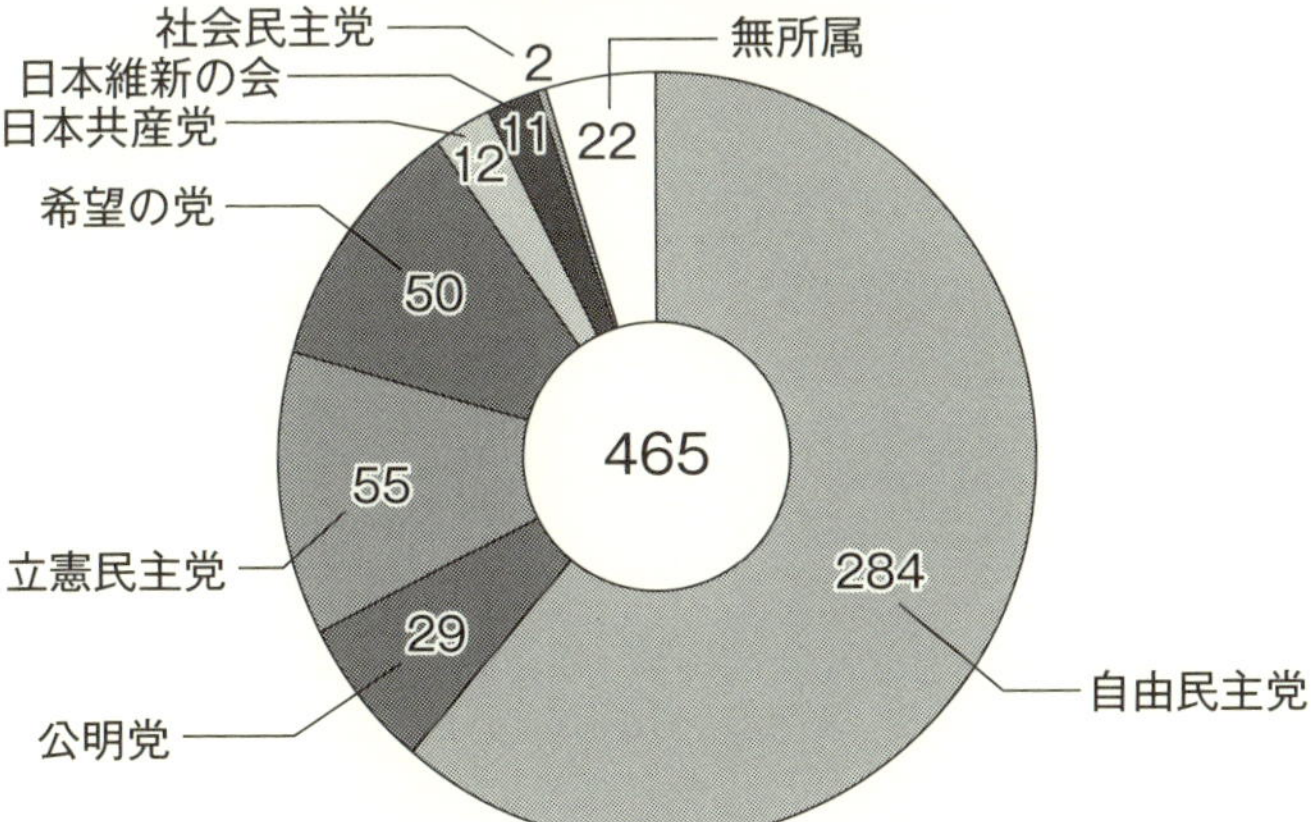

出典：Wikipedia

●丸山穂高が象徴する「国会の危機」

昔から政治家に品の良い人物は少なかったが、それにしても現状は目を覆うばかりのひどさだ。政治家の質の低下については、平成24年（2012年）の衆院選で初当選した自由民主党の若手議員の不祥事が相次ぎ、「魔の2回生」と呼ばれたことについてはすでに述べたとおりである。

こうしたなか、またぞろ衆院議員、丸山穂高が、北方領土の国後島を訪問中、酔っ払って旧島民に「戦争でこの島を取り返すのは賛成ですか、反対ですか」などと発言したことによって、非難を浴びたのは周知のとおりだ。

この問題発言によって彼は所属していた日本維新の会から除名され、与野党一致で「ただちに自ら進退を判断するよう促す」とする、国会議員に対する初の糾弾決議案が提出された。

ご本人は自身のTwitterアカウントで謝罪はしつつも、「憲政史上例を見ない、言論府が自らの首を絞める辞職勧告決議案かと。提出され審議されるなら、こちらも相応の反論や弁明を行います」「野党側の感情論で議案が出され、普段は冷静な与党まで含めて審議へ進むなら、まさにこのままではこの国の言論の自由が危ぶまれる話でもある」「可決されようがされまいが任期を全うする」などと書き込み、議員辞職勧告決議が可決されても辞職しない意向を示している。

彼は自由民主党議員ではないものの、平成24年に初当選した「魔の２回生」と同期であり、ことの重大さがまったく理解できていなかったり、こうした〝開き直り〟が平気でできるという点では、「魔の２回生」の問題児たちに類似している。

確かに「国会は人民法廷ではない」、「選挙で選ばれたのだから選挙民に委ねる」という理屈はもっともな面もある。与野党そろって糾弾決議を採択するのも気持ちが悪い。

彼は松下政経塾に学び、平成24年の衆院選に大阪19区から日本維新の会公認で出馬して初当選を果たした。

松下政経塾は昭和54年（１９７９年）に設立されてから40年を経過しており、この間、自由民主党の小野寺五典《いつのり》や高市早苗、国民民主党の原口一博や前原誠司、元首相の野田佳彦など、国会議員・地方首長・地方議員を多数輩出している。故・松下幸之助氏が標榜《ひょうぼう》した「地盤、看板、カバン」がなくても政治家を世に送り出すという実績が、昭和・平成時代の政治史に刻まれたのは確かだ。

丸山問題が深刻なのは、東大、松下政経塾、経産省出身というエリートの代名詞の肩書を３つも持つ議員までもが、国会で糾弾決議をくらった事実である。

作家・佐藤優は、丸山穂高が引き起こした問題について、『佐藤優直伝「インテリジェンスの教室」』に収録されている文化放送『くにまるジャパン極』（令和元年5月17日）で、『丸山穂高議員の「戦争扇動発言」が、問答無用で許されない理由』と題して次のように発言している。

（番組パーソナリティーとの対話形式だが、佐藤優氏の話の要点のみを講談社のWebサイト『現代ビジネス』より抜粋）

丸山氏が酔っ払って外に出てしまっていたら、保護・拘束されたかもしれませんよね。そこでロシアの官憲に対して、「この問題は戦争で解決するしかないよな」とでも言ったら、確実に逮捕されて起訴されますよ。なぜならロシアの法令では、戦争を扇動する発言は禁止されているから。

もしもそういう事態になったら、ビザなし交流の制度はなくなり、日ロの北方領土交渉は止まってしまう。彼はそれくらいのことをしでかしたんです。

丸山氏は、施錠されていない他の部屋にどんどん入っていったといいますが、たまたま外には出なかった。飲み過ぎて出られなかったのかもしれませんが、しかし彼の行動によって、もしかしたら北方領土交渉が止まっていたかもしれない。国益の根本に影響があるんですよ。

彼が学んだ松下政経塾や経済産業省の教育体制、あるいは東京大学の出身ですから東京大学の教育体制まで、全部問われてしまいますね。こんな人が出てくるようでは。

さすがに、日露外交に詳しく、「外務省のラスプーチン」というあだ名を付けられ、博覧強記を誇る佐藤優だけに、ある種の「正論」ではある。松下政経塾や経産省、それに東大の教育もなっていなかった、と批判されても仕方がない。

ただ、ひねくれ者の私の目からすれば、丸山発言がなくても、たとえ酒で正体不明になった丸山某がロシアの官憲に拘束されたとしても北方領土交渉にほとんど影響はなかっただろう、と思う。なにしろ、プーチンは、北方領土を日本に返還する気持ちはさらさらなく、経済協力の果実だけを得ようとしているのだから。

問題の本質は、エリートの典型のような人物が、どうしてこのようなみじめな状況に陥ったか、どうして誰も議員を辞めさせることができないのか、にある。

もともと彼の酒癖の悪さは、事件のはるか以前に写真週刊誌によって暴露されていた。蒲田駅近くの飲み屋街で酔客と乱闘したことがすっぱ抜かれており、所属していた日本維新の会が、彼を諭し、更生させる機会は十二分にあった。

中選挙区の派閥政治全盛時代も、丸山某のような酒癖の悪い議員もたまにはいたが、兄貴分の先輩議員に店の外に連れ出され、その場でこっぴどく叱られ、矯正されたものである。

しかし、小選挙区制導入と政治資金法改正で、よかれ悪しかれ疑似家族ともいうべき派閥（それが証拠に、派閥会長は、若手議員から「うちのオヤジ」と呼ばれるのが普通だった）は事実上解体し、若手の面倒を物心両面で見る先輩議員がほとんどいなくなった。

選挙制度が小選挙区制に変わると同時に、政治家育成という政党が本来持つべき機能も格段に強化されてしかるべきだったのだが、ほとんど手つかずに終わってしまったのである。だからいとも簡単に、日本維新の会は、他人事のよう丸山を切り捨てることができたのである。

もし、本気で議員を辞めさせたかったら、一昔前なら夜陰に紛れてその議員の最も信頼する先輩が涙ながらに説得にいき、本人も涙ながらに応じる、という浪花節の世界が存在し、それで世間も納得したものだった。そういった永田町の伝統芸も今、絶滅の危機に瀕《ひん》している。

「丸山問題」の根は、かなり深い。

●政治家を志す者がいなくなる

政治家になるためには、もちろん選挙に当選する必要がある。しかし最近、人口減少が急激に進む地方では、村議、町議はもちろんのこと、村長や町長さえなり手がおらず、事実上の「輪番制」（つまりは、地域内で暗黙に合意された無投票当選）という苦肉の策でしのいでいる町村が少なからずあると聞く。

昔は村長・町長と言えば地方自治体の長というだけでなく、大変な名誉職であり、激しい選挙戦が戦われたものだったが、その様子は激変した。

衆院選でも、小選挙区制になってから現職に挑む新人の挑戦者がどんどん減っている。知名度に劣る新人が、現職に挑むこと自体、極めてリスクの大きい〝賭《か》け〟になってしまったのだ。

政党交付金を元手とする党からの公認料を受けたとしても、その支給額は微々たるもので、まさに焼け石に水。政党によっては政党交付金を候補者に全部分配せずに党本部でプールしてしまうケースもある。

電話回線、事務所設置、人件費、ポスター・チラシ、選挙カー等々の初期費用は何千万という額に達してしまう。しかも、選挙の準備をするには最低でも１年前あたりから取りかかることになり、その間の費用のほとんどが持ち出しとなる。

細川某や鳩山某のように、実家が金持ちの候補者は落選しても経済的に困ることはないだろう。一方、資金力もネームバリューもない候補者の場合は、どうしても借金に頼ることになり、落選すれば借金がそのまま残ってしまい（金持ちとみなされた細川でも佐川急便から金を借りる事例はあったが）、結果は大赤字だ。

選挙資金の確保方法として、よく知られているのが資金集めのパーティーである。その主催者は後援会などのツテを使ってパー券をばらまくわけだが、パーティーの本質は体のいい〝互助会〟であり、パーティー会場で主催者が政治信条や政策を詳しく述べることは、まずない。

それとても現職議員でない新人が開くのは、よほど有名か人脈に恵まれていないとかなり難しい。

選挙期間が昭和の昔より短くなったのも新人には不利だ。

そもそも選挙戦自体が、「政策本位の選挙戦」からほど遠い。

衆院選であれ、参院選であれ、選挙戦に突入すると、街宣車から候補者の名前を連呼するばかりで、何を訴えているのか判然としないし、ＮＨＫの政見放送を拝聴していても、税金対策なのか、宣伝や売名のためなのか、「えっ、こんな人が？」と唸《うな》ってしまう候補者が少なからずいることに、違和感を覚える人は少なくないだろう。

日本の選挙運動は、いわゆる「ドブ板選挙」という言葉に適確に顕されているように、顔写真を大きく扱ったポスター、有権者の出社時間や帰宅時間に合わせて駅前に立ち「今日もお仕事ご苦労さまです」「お帰りなさい」と挨拶したり、選挙カーでの名前の連呼がお決まりのシーンだが、選挙民への握手を繰り返して手が腫《は》れたという話に至っては、まさに笑い話であり、見ようによって滑稽《こっけい》を通り超して悲しいシーンに映る。

当選すれば、ダルマへの目の書き込み、万歳三唱、涙ながらの挨拶。こればかりは、昭和の昔からの風習を引き継いでいるのだが、有権者を前にしてひたすら〝お願いの姿勢〟を示さなければならない候補者を見て、子供たちが「政治家になりたい」などと思うはずはない。

政治家の世襲制化、また小選挙区比例代表並立制の副作用によって、スケールの大きな政治家が育つ土壌が失われ、さらには年金問題に代表される社会保障制度の不透明化など、若年層の将来不安は高まるばかり。「どうせ選挙に行ってもどうにもならない」というムードは強まっている。

令和の新時代を迎えた今だからこそ、選挙制度ばかりでなく、政党や国会のあり方そのものを白紙から見直さなければならない、と切に思う。

メディアも平成衰退の「戦犯」

これまで平成衰退の「戦犯」をつきとめるため、自らのことは棚に上げて数多くの政治家たちを俎上《そじょう》にあげてきたが、「誰か忘れちゃあ、いませんか」という心の声が聞こえてきた。

そう、新聞、テレビ、最近ではネットを含めたわれわれメディアである。

主演の渥美清が世を去ってすでに長い歳月を経てから新作がつくられようとしている映画「男はつらいよ」では、終幕で恋に破れて再び旅の空に出た寅さんから葛飾柴又の「とらや」に送られる「思い起こせば、恥ずかしきことの数々、いまはただ、後悔と反省の日々を過ごしております」と綴《つづ》られた一葉の葉書が大写しになるのが定番になっていた。

わたしの心境は、寅さんと同じである。

メディアは自らが主体となって動くモノでは、本来ない。ほとんどの記者や報道番組制作者は、世のなかで起こっていることを1秒でも早く、わかりやすく解説するとともに、埋もれた事実、隠された真相をスクープし、読者や視聴者に伝えようと日夜、懸命に努力している。なかには「オレが世のなかを動かしてやる」と勘違いしている者もいるにはいるが、そんな人はごくごく、例外だ。と書きたいところだが、昔々のテレビ朝日の大幹部が、宮沢政権下での衆院解散総選挙に際して「非自民政権ができるよう報道しろ」と部下に大号令をかけたように、勘違いした紳士淑女が、今も少なからず存在することも事実である。

権力の監視がメディアの役割であるのは、確かなのだが、行き過ぎると監視を通り越して、イデオロギーが前面にでた倒閣運動に堕してしまいがちになる。

●竹下登にまんまと利用される

ヒステリックなまでの「安倍批判」を続けている朝日新聞がまさにそうだが、権力側にまんまと利用されたケースも枚挙にいとまがない。

平成早々、大きな政治問題となった衆院への小選挙区比例代表並立制導入を柱とした政治改革をめぐる報道が典型である。

小選挙区比例代表制導入の基礎をつくったのは、政府の第8次選挙制度審議会である。審議会が発足した平成元年は、リクルート事件が猖獗《しょうけつ》を極め、時の首相・竹下登が打開策の一環として審議会を設置したのである。ここに竹下は、1つの仕掛けを施した。審議会委員に学者や経済界、労働界代表だけでなく、在京新聞社の論説委員長クラスをずらりとそろえたのである。

通常、こうした審議会にマスコミ関係者がはいることはあるが、たいていは日本新聞協会と民間放送連盟の代表者1人ずつ、というのが相場だ。それを異例の「各社1人ずつ」体制にしたのは、いずれ審議会が出す答申に新聞社にも責任を持たせ、連帯責任を負わせようという竹下流戦術があったのは間違いない。

事実、選挙制度審議会の審議がスタートすると、大々的に新聞やテレビ、ラジオでとりあげられ、期待感をあおった。平成2年（1990年）、小選挙区比例代表制並立制導入と政治資金規正法改正をセットにした審議会の答申が発表されると、あの朝日新聞でさえ真正面からの批判は控え、各社の社説も好意的なものが多かった。

審議会の答申の内容自体はまっとうなものだったにせよ、メディアを巻き込んだ竹下戦術は、まんまと当たったのである。

続いて、審議会答申をもとに政治改革法案が国会に上程されると、小選挙区に反対する者が守旧派であり、賛成する者が改革派というレッテル貼りが、小選挙区導入推進派だった小沢一郎を中心に行われ、それにほとんどすべてのメディアが乗っかった。

特にワイドショーを中心としたテレビがあおりにあおったわけだが、かくいう私も政治記者として駆けだし同然だったこともあり、熱病にうかされるように、政治改革礼賛記事を書きまくった。「思い起こせば、恥ずかしきことの数々」のほんの一部である。

あまりに恥ずかしく、ここに採録することはご勘弁いただきたいが、それでもどんな記事を書いたか知りたい、という奇特な方がおられたら、大きな図書館にある産経新聞データベースで、ぜひ検索していただきたい（なければ、ぜひ導入するよう図書館にリクエストしてください）。

●「五当四落」だった中選挙区制

ついでに若い読者のために言い訳させてもらえば、小選挙区導入前の、当選者を原則３～５人選んでいた中選挙区制は、今と比較にならないほどカネがかかったのである。

例えば「五当四落」という言葉があった。衆院選に勝ち抜くには、４億円では落選し、５億円使って初めて当選する、という「格言」で、実際に中選挙区制で実施された平成２年の総選挙を取材した私も実感していた。

何しろ衆院で過半数を獲得するには、同一選挙区で同じ政党の候補者を複数擁立せねばならず、いきおい政策以外の「サービス」競争が過熱したのである。

結果的に同一選挙区から３人の宰相を輩出した衆院群馬３区では、覇を競っていた福田赳夫《たけお》と中曽根康弘の選挙戦中に事務所で提供される食事の豪華さから料亭福田に中曽根レストランと噺された。資金力で劣った小渕恵三は、自らを「ビルの谷間のラーメン屋」と話していたほどである。

自民党から出馬し、政権与党の一翼を担おうとすれば、よほどの有名人でもない限り、億単位のカネを集めねば、公認候補になることさえ覚束ない。現職だって地区ごとに張りめぐらせた後援会組織を維持するためには、莫大なカネがかかった。

しかも総理総裁を目指すなら派閥の領袖にならねばならず、領袖たる者、国会近くの家賃の高いビルに事務所を構え、事務員を雇い、派閥の議員が一堂に会することのできる会議室も備えなければならない。もちろん、火事にも盗難にも強い大きな金庫がどの派閥事務所にも備えられていた。

それだけではない。先ほど1人でも選挙資金として数億円集めねばならないと書いたが、若手議員や新人のほとんどは、集めきれない。そこで派閥の出番である。

平成の初め、派閥全盛時代には、派閥の公認候補として擁立した新人には1000万円（派閥によって違う）を支度金としてまず用立てたほか、当選圏内ギリギリの激戦区には「実弾」と称するゲンナマ（現金）が次々と投下された。

さらに領袖が選挙応援に行けば、「陣中見舞い」として応援の先々で300万円（これまた派閥によって違う）ずつ包まねばならなかった。

なかには、派閥の公認候補とはならず、気を持たせて何人もの派閥領袖に応援にきてもらい、分厚い「陣中見舞い」をいくつもせしめたちゃっかり者もいたという。

国政選挙が一段落した平時でも暮れの餅代、お盆の氷代（派閥にもよるが、1人当たり100万円単位、選挙前になると数百万円）と称する〝ボーナス〟を配らねばならなかった。

そのカネをどうつくれるかが、領袖の腕だが、ザル法といわれた改正前の政治資金規正法が適用されていた当時でも一部上場の大企業からの献金は限りがあった。

コンプライアンス意識こそ当時は希薄だったものの、大企業では、その頃すでにサラリーマン社長が大半になっており、社長の一存で特定の政党や個人に多額の政治献金をできるような時代ではなくなっていたのである。

そこでどうするか。手っ取り早かったのは、株式の売買によって売却益を得る手法で、田中角栄もよくこの手を使ったことが、角栄の死後、公開された関係者の日記からわかっている。

インサイダー取引という概念が薄かった当時、官庁情報をいち早く入手して値上がり確実の安い株を大量に買い、売り抜けるのが必勝パターンで、兜町の「仕手筋」と呼ばれた株屋さんたちが協力し、彼らも巨万の富を得た。

小佐野賢治、小針暦二《れきじ》ら政商と呼ばれた人物も暗躍した。

カネのかかる中選挙区制が、派閥の無理なカネ集めを加速させ、ロッキード事件をはじめ、さまざまな疑獄事件の温床となったのは事実である。冗談のような本当の話だが、ロッキード事件で「角栄無罪論」を多くの政治家が唱えていたが、ある長老が「角さんともあろう人が5億円のはしたガネで、あんな危ない橋を渡るはずがない。第一、ああいうカネをもらうとき、領収書なんて普通書かないよ」と自信たっぷり語っていたのをまざまざと思い出す。

とにもかくにも令和の御代になって大型の疑獄事件はすっかり影を潜めた。自民党の派閥もかつてのような無理なカネ集めはしなくなった（できなくなった、といっていい）。

小選挙区比例代表並立制導入と政治資金規正法改正が実現した成果はあがったのである。

あがったのではあるが、政治家の劣化は、われわれの想像をはるかに超えた。

集金能力が著しく低下した派閥もカネの切れ目が縁の切れ目で、すっかり活力を失い、派閥が事実上担ってきた若手議員の教育機関という役割も薄れてしまった。

そういった副作用の要因すべてが小選挙区制導入のためだけではないにせよ、かなりの程度、制度に由来するものであるのは否めない。枝葉の問題ではあるが、小選挙区で落選したのに、惜敗率で比例代表では当選するケースが続出するという珍妙な仕組みをメディアも容認してしまったのは、痛恨事である。

またまた話が横道に逸れてしまった。リクルート事件によって宮沢喜一、渡辺美智雄らニューリーダーが「１回休み」を余儀なくされ、政治が停滞したことへの収拾策として竹下がレールを敷いた政治改革は、いつしか竹下の意図をも超えた熱風となり、結果として自民党政権を倒し、空前の人気を誇った細川護煕政権誕生につながるのは今まで書いてきたとおりだ。

それでじゃあ、細川政権がどうなったかというと、ご存じのとおり。選挙区並立制は導入したけれど、ほかのことは何一つできなかったというのが正直な感想だ。

熱に浮かされたような政治改革熱は、あっという間に冷めてしまった。あのとき、問題を深掘りして、地に足をつけた政策論争の場をつくるべきだった、というのはあとの祭りだったが、新聞やテレビが反省したか、と問われれば、ノーという答えしか思い浮かばない。

●活かせなかった教訓

細川政権誕生に至る政治改革報道の教訓をその後の報道で、メディアは活かせなかった、と思う。

そもそもニュースの語源が「ｎｅｗ（新しい）」の複数形であるように、新聞記者やテレビマンは、「新しいもの」が大好物なのである。細川護熙が、自らつくった政党名に「新」をつけた（日本新党）のは大正解だった。それに「改革」の2文字がつけば、ネコにマタタビ状態になる。

それから11年後、メディアは再び「改革」の2字に踊らされることになる。

平成17年（2005年）、郵政民営化法案が参院で否決されると、首相・小泉純一郎は、躊躇《ちゅうちょ》なく衆院解散に打って出た。小選挙区制導入に反対だった小泉は、政治改革という「改革」の空気こそが、世のなかを動かすことを身を以て悟った。そして「改革を止めるな」というキャッチフレーズが日本中を席巻した。

小泉の行くところ行くところ、人だかりができる。それによってワイドショーも、「これはニュースだ」と飛びつく。相乗効果でどんどん、小泉旋風という現象を巻き起こしてしまった。

多くの新聞はさすがに扇情的な表現は控えたが、テレビのワイドショーは、郵政民営化に反対した議員を悪玉に見立て、反対派の選挙区に落下傘で立候補した候補を「刺客」と呼んで「劇場型選挙」を大いに盛り上げた。「刺客が悪玉を倒す」勧善懲悪劇は、視聴率という恩寵《おんちょう》をテレビ局にもたらし、小泉自民は圧勝したのである。

だが、これまた熱に浮かされたような勧善懲悪型の「郵政解散」報道が、メディアで真剣に反省されることはなかった。

「郵政解散」報道の反動は、ほどなくやってきた。

小泉のあとを継いだ安倍晋三は、第１次政権当時、経験不足も手伝って、小泉のような大向こう受けのパフォーマンスが苦手だった。しかも「消えた年金」など次々と失策が重なり、１年で政権を投げ出した。

続く福田康夫も短期間で退場し、麻生太郎もリーマンショックという未曾有（みぞうゆう、ではない）の経済危機対策に追われて、支持率が伸び悩み、「政権交代」が現実のものとして語られるようになった。

そして、平成15年（２００３年）の衆院選頃から使われ始めた「マニフェスト」という政治用語が、天下分け目の19年の衆院選でにわかに、マジックワードの如く脚光を浴びた。

政権公約、と訳されることの多い「マニフェスト」だが、いい加減な口約束が多かった選挙の公約を、イギリスで一般的な数値目標や財源の裏付けを明記したものにしよう、というのが日本でのマニフェスト運動だったのだが、これに新しもの好きのメディアが飛びついた（実は、イギリスでも数値目標を入れたマニフェストはまれだったのだが）。

この「マニフェスト」に民主党も飛びつき、子ども手当などの〝新奇な〟施策を次々と打ち、産経新聞以外の新聞、テレビは好意的に扱った。実は、民主党のマニフェストづくりは、マニフェスト運動を主導していた某政治学者が携わっており、この学者にコメントをとると、民主党にプラスのことしか言わなかった。いわば、出来レースだったのである。

それが証拠に、民主党が政権を奪取し、マニフェストに盛り込まれた公約がほとんど実行されないと判明すると、マニフェスト運動は急速に衰えたのである。

自己弁護すれば、産経新聞は細川政権誕生時や「郵政解散」報道の反省から政権交代待望論には与《くみ》しなかった。

しかし、多勢に無勢であった。

朝日新聞はじめ、産経以外のほとんどすべてのメディアは、鳩山由紀夫政権がスタートする前後、「政権交代が実現すれば、何もかもバラ色になる」式の手放しの礼賛ぶりだった。

平成時代に繰り返された、政治改革、小泉旋風、政権交代の熱狂は、主役ではなかったものの（細川護熙は朝日新聞、小池百合子はテレビキャスター出身だが）、明らかにメディアがあおり、結果として共犯となったのは確かだ。

もちろん、それぞれのムーヴメントには原因と結果があり、すべてを否定するものではない。政治改革のように、ある見方からすればプラスになったものもあるし、郵政民営化の評価はいまだ定まっていない。

ただ、これは断言できる。

平成19年のあの時点で、政権交代をメディアがあおった罪は、万死に値する。

当時、民主党に政権担当能力がなかったのは、当事者だった小沢一郎でさえわかっていたことであり、福田康夫政権のときには、自民と民主の大連立政権樹立寸前までいった。民主党政権でなかったら東日本大震災の対応も少しはましだったはずである。

民主党政権３年間の記憶が有権者から消え去るまで、政治改革が目指したはずの２大政党制によるスムーズな政権交代の実現なぞ夢のまた夢になったのである。

メディアも平成衰退の「戦犯」であった、と断定せざるを得ない。もちろん、その戦犯の列のなかに私もいることも認めざるを得ない。

ここは、諸先輩になりかわって「今はただ、後悔と反省の日々を送っております」と寅さんばりに謝罪したい。

まあ、しばらく経てば、また、同じ過ちを繰り返してしまうことだろうが。

おわりに――平成日本を脱却する令和に

わが敬愛するハマコー氏の『日本をダメにした九人の政治家』にあやかって、平成日本をダメにした「戦犯」探しの旅を続けてきたが、青息吐息でようやく、終着駅に近づいてきたようである。

それにしても自分のことは棚に上げて、ああでもない、こうでもない、とあれこれ永田町の国会議事堂に集う紳士淑女の皆さんの悪口を書き連ねるのは、ハマコー氏と違って肝の据わっていない小心者の筆者にとって想像以上に難儀な作業だった。失礼の段、平にご容赦願いたい（と書いても許してくれないだろうが）。

人間の記憶というのは、いい加減なもので「あのとき、あの政治家は、こう話したはずだ」と当たりをつけて、ネットで検索したり、ほこりをかぶった古いスクラップやメモの類いをひっくり返して探したりしてもお目当てのものはなかなか出てこない。

この本を書くに当たり、何人かの政治家や政治家ＯＢに平成時代の政治的事件のいくつかについて改めて聞いてみたのだが、「そんなこと言ったかなあ」とか「それはまったく違うよ」と言われることのほうが多く、当初の原稿からかなりの部分をボツにしたため、遅々として作業が進まなかった。

それでも書き進めていくうちに、現場で取材していた当時には関連しているとまったく思わなかった出来事が、30年という時間軸でながめると、つながっている場合が結構多いことがわかったのは、大いなる収穫だった。

平成の30年余という時間は、長いようで短く、短いようで長い。

●歴史観の欠如が衰退招いた

平成の初め、いくらバブル時代の特殊要因があったとはいっても日本が、世界経済の牽《けん》引《いん》車だったのは、まぎれもない事実である。今や世界第2位の経済大国となった中国は、天安門事件が起きた年で、経済規模は、日本よりはるかに小さく、取るに足らない存在のようにみえた。

その中国が天安門事件で窮地に陥ったとき、米国の暗黙の支持があったとはいえ、手をさしのべたのは日本だった。

はっきりと書こう。このとき、日本は中国に内政干渉と言われようと、民主化を要求し、経済制裁を続けるべきだったのである。これは30年近くを経た今、後出しじゃんけんで書いているわけではない。当時の産経新聞は、首相の訪中を「時期尚早」と反対している。

あのとき、欧米諸国と日本が結束していれば、ソ連が一党独裁を放棄したように、中国も今の体制を維持できたか、どうか。歴史にイフがないのはわかってはいるが、日本外交史上、真珠湾攻撃時の在ワシントン大使館の失態である宣戦布告伝達遅れとともに、最大のミスとなった。

またまた余談ではあるが、筆者が外務省の記者クラブで取材した20年近く前、チャイナスクールといわれる日本外務省の中国専門家は、日本の国益より中国の国益が第1だ、と考えているような輩がほとんどだった（今はだいぶ事情が変わったらしいが）。

なかでも「この人はよくこんな考え方で外交官をやっていたなあ」と感じたのが、在北京大使まで務めた中江要介であった。反論する機会のない故人となった方を悪く言うのは、はなはだ後生が悪いが、中国は覇権を求めないと、心から信じて次のように書いている。

「胡錦濤《こきんとう》は日中七団体との会談で、中国は覇権を唱えることはないと言っている。したがって、日中友好条約は名存実亡にはなっていない。彼らには日中友好条約の反覇権条項は生きている」（『日中外交の証言』平成20年、厚徳社刊）

この本のなかで、彼は昭和天皇の戦争責任についても言及し、米国の覇権主義を批判している。まあ、そんな方が中国大使を務めていたのである。

「中国に媚《こ》びた政治家たち」の章で詳しく書いたが、中国に恩を仇で返されたのは、日本の中枢であるはずの首相や有力政治家、高級官僚の面々に確固たる歴史観と、それに裏付けられた世界戦略がなかったからにほかならない。

筆者個人の考えで言えば、戦後の宰相で確固たる歴史観を持って国政にあたったのは、岸信介のＤＮＡを受け継いだ現職の安倍晋三を除けば、昭和62年（１９８７年）まで首相を務めた中曽根康弘までだった、と思う。

確固たる歴史観に裏付けられた世界戦略とは何か、と問われれば、生まれ育った日本という国を愛し、正確な史実をしっかりと把握したうえで、アジアや世界を俯瞰《ふかん》し、日本の安全保障を第１に世界平和に資する戦略を練ることだ、と考えている。

こうした歴史観の醸成は、本人の資質もさることながら、かなりの部分は教育によるところが大きい。戦前の旧制中学、高校の制度は、官僚や政治家を育てるエリート教育としてよくできていたがために、戦後、ＧＨＱによって解体された。

旧制高校出身の宮沢喜一を除く、平成の宰相や有力政治家たちが、国益第一の外交をともすれば「時代遅れ」のものととらえ、相手の国益を第１にしたかのような振る舞いをしがちなのは、真のエリート教育を受けることができなかったことも大きな要因となっているのではなかろうか。

令和の新時代、日本を背負う政治家を養成するために、まずもって取り組むべきは、迂《う》遠《えん》なようだが、青年期からのエリート教育の再興をおいてない。

●人口減から逃げた「亡国の怠慢」

「今年は現役世代（20〜64歳）が約58万人減少する。100万都市の働き手が消えてしまう勘定だ。団塊の世代が高齢者になる6年後には年間112万人も減る見通し。事ここに至ってなお少子化対策は参院選の主要テーマにならず、年金制度の改革論議も進まないのだからニッポンの行方はどうなってしまうのか。厳しい現実と悲惨な将来から目を背け、私的な利害と帳尻あわせに汲々としている政治・行政・企業関係者の姿勢は〝亡国の怠慢〟と言わざるを得ない」（「ニッポンの行方」三菱総研倶楽部）

この一文は、参院選が実施される今年書かれたものではない。

12年前、産経新聞論説委員を務めた後、東北福祉大教授に転じた岩渕勝好が書いたものだが、この当時、少子高齢化対策に熱心に取り組んだ政治家は、残念ながらほとんどいなかった。

岩渕は、論説委員時代、少子化がほとんど話題にのぼらなかった平成の初めから熱心に少子高齢化問題に取り組み、紙面でも企画記事を多く書いた。

だが、専門家からは高く評価されたが、大きな国民的ムーヴメントを起こすまでには至らなかった。読者に切実感がまだなく、国政選挙でも12年前の参院選に限らず、選挙の争点として真正面からとりあげた政党や政治家は見当たらなかった。岩渕言うところのまさしく、「亡国の怠慢」であった。

若い頃の私も「本当に少子化になるの？　オオカミ中年じゃないの」とからかったくらいだから、「亡国の徒」の一員であったのは間違いない。

そんな状況もようやく変化の兆しが出てきた。

深刻な出版不況のなか、発刊から2年を経過したにもかかわらず、増刷を続けている新書がある。

岩渕の後継者とも言うべき、産経新聞客員論説委員・河合雅司の手になる『未来の年表』（講談社現代新書）だ。

もう読まれた方も多いと思うが、少子高齢化が進む日本でこれから起こるであろうことを年表に託してわかりやすく書いた本で、発売されるや否やベストセラーとなった。

この本をネタ本にして、少子高齢化対策を論じる政治家が石破茂をはじめ増え続けている。元年夏の参院選でも少子高齢化対策がようやく争点の1つになった。

ただ、まだまだ対策は緒に就いたばかりである。少子化対策はその政策が仮にうまくいっても成果が出るまでには、かなり時間がかかる。特に外国人労働者をどこまで受け入れるか、は日本国のあり方そのものを問うことになろう。

第一、結婚しないで生涯を終える男女が激増するなか、どうやって子供を増やしていくかは、婚姻制度をはじめ、社会のあり方そのものから変えていかねばならない大問題をもはらんでいる。この問題解決に野党も与党もない。それこそ国会やメディアが、もっともっと取り上げ、「令和の大議論」をするべきときである。

平成の初めから少子化対策を熱心にやっていたら、と嘆くのも詮無いことだが、令和の時代は始まったばかりだ。まだ、間に合う、と信じ、行動したい。

〔日本の政治　平成31年史〕

年月日	国内の出来事	海外の出来事
平成元年（1989）		
4月1日	消費税3％開始	
6月4日		天安門事件発生
6月2日	**宇野宗佑内閣（自由民主党）誕生**	
8月9日	**海部俊樹内閣（自由民主党）誕生**	
11月9日		ベルリンの壁崩壊
12月2日		マルタ会談にて冷戦終了を宣言
平成2年（1990）		
6月2日		米ソ大統領　戦略兵器削減条約（START）基本合意
6月29日	「日米構造協議」最終報告	
8月2日		イラク　クウェート侵攻
8月30日	政府　多国籍軍支援金10億ドルの支出を緊急決定	
10月3日		ドイツ再統一
平成3年（1991）		
1月17日		湾岸戦争勃発
1月24日	政府　多国籍軍支援金90億ドルの追加資金協力	
6月3日	雲仙普賢岳　大火砕流発生（死者・行方不明者43名）	
9月17日		韓国・北朝鮮　国際連合に

		加盟
11月5日	**宮澤喜一内閣（自由民主党）誕生**	
12月26日		ソ連崩壊
平成4年（1992）		
1月13日	**共和汚職事件**	
2月14日	東京佐川急便事件（前社長らを特別背任容疑で逮捕）	
3月16日	東証　平均株価終値2万円割る	
5月22日	**細川護熙熊本県知事「日本新党」結成**	
6月15日	国連平和維持活動PKO協力法成立	
10月23日	天皇・皇后両陛下　中国初訪問	
平成5年（1993）		
1月20日		ビル・クリントン　米大統領就任（民主党）
3月6日	**金丸信・元自民党副総裁　巨額脱税容疑で逮捕**	
4月23日	天皇・皇后両陛下　沖縄初訪問	
6月9日	皇太子・徳仁（なるひと）親王　小和田雅子さんとご成婚	
7月12日	北海道南西沖地震発生	
8月4日	河野談話	
8月6日	**社会党　土井たか子氏　女性初の衆院議長に**	
8月9日	**細川護熙内閣発足　38年ぶりの政権交代**	
11月1日		マーストリヒト条約により欧州連合（EU）誕生

11月11日	食糧庁　外国産米の緊急輸入発表	
12月16日	**田中角栄元首相死去（75歳）**	
平成6年（1994）		
4月28日	**羽田孜内閣（新生党）誕生**	
6月27日	松本サリン事件（死者8名　被害者140人以上）	
6月30日	**村山富市内閣（日本社会党）誕生**	
10月4日	北海道東方沖地震発生（死者9名）	
12月10日	**「新進党」結成（海部俊樹党首　小沢一郎代表幹事）**	
12月28日	三陸はるか沖地震発生（死者3名　けが人は800名近く）	
平成7年（1995）		
1月17日	阪神・淡路大震災発生（死者6434名）	
3月20日	地下鉄サリン事件（死者1名　被害者約6300名）	
8月15日	戦後50年　村山談話	
12月6日	**二信組事件で山口敏夫元労相逮捕**	
平成8年（1996）		
1月11日	**橋本龍太郎内閣（自由民主党）誕生**	
1月19日	**日本社会党「社会民主党」に党名変更**	
2月16日	菅直人厚相「薬害エイズ問題」で国の法的責任を認め謝罪	
2月24日	普天間飛行場の全面返還で日米合意	
9月10日		国連総会　核実験全面禁止条約採択

9月29日	**「民主党」結党〈党代表は菅直人〈政務〉・鳩山由紀夫〈党務〉〉**	
平成9年（1997）		
4月1日	消費税5%に引き上げ	
7月1日		香港返還
11月13日	北海道拓殖銀行破綻（営業終了）	
11月24日	山一證券破綻	
12月11日	地球温暖化防止京都議定書採択	
平成10年（1998）		
2月7日	長野冬季オリンピック開催	
4月27日	**新「民主党」結成（菅直人代表）**	
7月30日	**小渕恵三内閣（自由民主党）誕生**	
10月	日本長期信用銀行破綻（一時国有化に）	
12月	特定非営利活動促進法（NPO法）施行	
12月	日本債権信用銀行破綻	
平成11年（1999）		
1月14日	**自民・自由連立内閣発足**	
3月24日		NATO　ユーゴ空爆開始
3月30日	政府　大手15行に公的資金7兆余の資本注入	
4月11日	**都知事選　石原慎太郎氏当選**	
5月24日	周辺事態法など新ガイドライン関連3法成立	
8月9日	国旗・国歌法成立	
9月30日	東海村JCO臨界事故	
10月5日	**自自公3党連立発足**	

12月20日		ポルトガル領マカオ　中国に返還
平成12年（2000）		
4月2日	**小渕恵三首相緊急入院**	
4月5日	**森喜朗内閣（自由民主党）誕生**	
5月7日		プーチン氏　ロシア大統領に就任
5月14日	**小渕恵三前首相死去（62歳）**	
7月8日	伊豆諸島・三宅島噴火	
7月21日	九州・沖縄サミット開催	
11月21日	**「加藤の乱」**	
平成13年（2001）		
1月6日	**中央省庁再編**	
1月16日	**KSD事件**　村上正邦元労相逮捕	
3月19日	日銀「量的金融緩和政策」開始	
4月26日	**小泉純一郎内閣（自由民主党）誕生**	
9月11日		アメリカ同時多発テロ事件
10月8日		アフガニスタン紛争勃発
平成14年（2002）		
1月1日		欧州12カ国で単一通貨ユーロ流通開始
1月29日		米ブッシュ大統領「悪の枢軸」発言
4月1日	ペイオフ制度導入	

5月31日	サッカーワールドカップ日韓大会開幕	
6月19日	**鈴木宗男衆院議員逮捕**	
8月5日	住民基本台帳ネットワーク（住基ネット）スタート	
9月17日	日朝首脳会談	
10月15日	拉致被害者5人　24年ぶりに帰国	
12月25日	**「保守新党」結成**	
平成15年（2003）		
3月20日		イラク戦争勃発
3月28日	日本初の情報収集衛星打ち上げ	
4月28日	日経平均株価7607円88銭　バブル崩壊以降最安値（当時）	
7月26日	イラク復興支援特別措置法成立	
9月24日	小沢一郎らの自由党が民主党へ合流	
12月26日	イラク復興支援で航空自衛隊出発	
平成16年（2004）		
1月9日	イラクの復興支援で陸上自衛隊に派遣命令	
2月27日	オウム真理教　松本智津夫元死刑囚死刑判決	
4月8日	イラク日本人人質事件	
5月22日	**日朝首脳会談**　蓮池薫さんらの家族5人が帰国	
9月26日	**村岡元官房長官在宅起訴**	
10月23日	新潟県中越地震発生（死者68名）	
12月26日		インドネシア・スマトラ沖地震発生
平成17年（2005）		

3月25日	「愛・地球博」愛知万博開催	
4月25日	JR福知山線脱線事故発生（死者約100名）	
8月8日	**郵政解散**（郵政民営化関連法案の否決により衆議院解散）	
8月15日	戦後60年小泉談話	
8月17日	**「国民新党」結成（綿貫民輔代表）**	
8月21日	**「新党日本」結成（田中康夫代表）**	
10月14日	**郵政民営化関連法案成立（郵政三事業）**	
11月17日	耐震強度偽装事件発覚	
平成18年（2006）		
1月23日	ライブドア・ショック	
8月15日	小泉首相　終戦記念日に靖国神社参拝	
9月26日	**安倍晋三内閣（自由民主党）誕生**	
10月9日		北朝鮮　初の地下核実験
12月27日	**佐田行政改革相辞任（不適切な会計処理）**	
12月30日		イラク　サダム・フセイン元大統領の死刑執行
平成19年（2007）		
1月9日	**「防衛省」発足**	
5月14日	**国民投票法案成立**	
5月28日	**松岡農相自殺**	
7月3日	**久間防衛相辞任**（原爆「しょうがない」発言）	
7月16日	新潟県中越沖地震	
7月29日	**第21回参院選　自民大敗　民主参院第1党に**	

8月1日	赤城農相辞任	
8月9日		サブプライムローンの焦げ付き問題で世界同時株安
9月25日	福田康夫内閣（自由民主党）誕生	
10月1日	郵政事業民営化	
平成20年（2008）		
1月27日	大阪府知事選に橋下徹氏初当選	
6月8日	秋葉原通り魔事件	
7月7日	北海道洞爺湖サミット開催	
7月11日	日本でｉＰｈｏｎｅが発売（スマートフォンの普及開始）	
9月15日		米大手証券会社リーマン・ブラザーズ経営破綻
9月24日	麻生太郎内閣（自由民主党）誕生	
平成21年（2009）		
1月20日		バラク・オバマがアメリカ大統領就任
2月17日	中川財務・金融担当相「酩酊会見」で辞任	
3月10日	日経平均株価終値がバブル崩壊後の最安値更新	
7月19日	民主党鳩山代表「最低でも県外移設」と発言	
8月8日	「みんなの党」結成（渡辺喜美代表）	
8月30日	第45回衆院選　民主大勝　政権交代	
9月16日	鳩山由紀夫内閣（民主党）誕生	
10月9日		オバマ大統領　ノーベル平

11月11日	**政府の行政刷新会議「事業仕分け」スタート**	和賞受賞
平成22年（2010）		
1月1日	**日本年金機構発足**	
2月11日		EUが財政危機のギリシャに金融支援
4月10日	**新党「たちあがれ日本」結成（平沼赳夫代表）**	
4月25日	**「新党改革」結成（舛添要一代表）**	
6月8日	**菅直人内閣（民主党）誕生**	
6月13日	小惑星探査機「はやぶさ」7年ぶりに帰還	
7月11日	**第22回参院選　民主敗北　「ねじれ国会」に**	
9月7日	尖閣諸島中国漁船衝突事件	
11月28日		ウィキリークス　米外交当局の機密文書公開開始
平成23年（2011）		
2月14日	日本のGDP　世界3位に後退	
3月11日	東日本大震災（M9.0　死者約15000名） 福島第1原発事故	
5月1日		国際テロ組織アルカイダ率いるオサマ・ビン・ラディン氏殺害
6月20日	復興基本法成立	
7月5日	**松本龍復興担当相辞任**「知恵を出さないやつは助けない」発言	

9月2日	**野田佳彦内閣（民主党）誕生**	
10月20日		リビア　カダフィ大佐死亡
12月19日		金正恩（キムジョンウン）が北朝鮮最高指導者に
平成24年（2012）		
2月10日	**復興庁発足**	
5月5日	国内50基の全原発稼働停止	
5月22日	東京スカイツリーが開業	
7月11日	**新党「国民の生活が第一」結成**	
7月11日	九州北部豪雨	
8月10日		韓国大統領・李明博（イミョンバク）　竹島上陸
9月10日	**松下忠洋郵政民営化・金融相自殺**	
9月11日	政府尖閣諸島国有化	
9月28日	**日本維新の会結党（橋下徹代表）**	
11月13日	**「太陽の党」結成**	
11月15日		中国共産党総書記に習近平就任
11月28日	**「日本未来の党」結成**	
12月16日	**東京都知事選で猪瀬直樹が初当選**	
12月26日	**第2次安倍晋三内閣（自由民主党）誕生**	
12月27日	**日本未来の党が分党**	
平成25年（2013）		
2月25日		朴槿恵（パククネ）　韓国大

3月20日	**日銀新総裁に黒田東彦就任**	統領に就任
4月4日	**日銀　大規模な金融緩和に転換**	
7月21日	**第23回参院選　自民大勝　「ねじれ」解消**	
9月7日	2020年オリンピック開催地　東京に決定	
12月18日	**みんなの党分裂　「結いの党」結成（江田憲司代表）**	
12月6日	特定秘密保護法	
12月26日	安倍首相　靖国神社参拝（首相として約7年ぶり）	
平成26年（2014）		
2月9日	**東京都知事選で元厚労相・舛添要一が初当選**	
4月1日	消費税5%から8%へ	
6月29日		過激派組織IS　国家樹立を宣言
7月1日	**安倍首相　集団的自衛権の限定的容認を閣議決定**	
7月1日	野々村兵庫県議　号泣会見	
8月1日	**日本維新の会から石原慎太郎らが離脱して分党（次世代の党）**	
8月5日	朝日新聞が従軍慰安婦問題をめぐる報道で記事取り消し	
9月21日	**日本維新の会が結いの党と合併して「維新の党」を結党**	
10月20日	**小渕経産相と松島法相が辞任**	
11月14日	朝日新聞　木村社長が引責辞任	
11月16日	**沖縄県知事選で翁長雄志当選**	

11月28日	「みんなの党」解党	
12月10日	特定秘密保護法施行	
12月14日	**第3次安倍内閣（自由民主党）誕生**	
12月26日	**生活の党が「生活の党と山本太郎となかまたち」と党名変更**	
平成27年（2015）		
1月20日	ISによる日本人人質事件	
2月23日	**西川農相　政治献金問題で辞任**	
4月8日	天皇皇后両陛下　パラオ初訪問	
4月22日	日経平均株価　15年ぶりに2万円台回復	
5月17日	大阪都構想の賛否を問う住民投票　反対多数	
6月1日	日本年金機構　大量の個人情報流出を発表	
7月20日	東芝不適切会計発覚	日米とキューバ　54年ぶり国交回復
8月15日	戦後70年安倍談話の公表	
9月19日	平和安全法制整備法案・国際平和支援法案可決	
10月5日	マイナンバー法施行	
10月1日	**防衛省の外局として防衛装備庁設置**	
	改正派遣法施行	
11月2日	**「おおさか維新の会」結成（橋下徹代表）**	
11月4日	日本郵政・ゆうちょ銀行・かんぽ生命の3社が株式上場	
11月13日	パリ同時多発テロ（130名死亡）	
12月17日	朴槿恵名誉毀損事件（産経新聞前ソウル支局長に	

	無罪判決）	
12月28日	慰安婦問題日韓合意	
平成28年（2016）		
1月6日		北朝鮮が初の水爆による核実験
1月28日	**甘利経済再生相　政治献金問題で辞任**	
1月29日	日銀　マイナス金利の導入発表	
2月4日	TPP　日米など参加12カ国が署名	
3月22日	改正自殺対策基本法が成立	
3月27日	**民主党と維新の党が合流「民進党」を結成**	
4月1日	電力自由化スタート	
4月2日	台湾の鴻海精密工業（ホンハイ）　シャープを買収	
4月14日	熊本地震発生（M6・5）	
5月9日	「パナマ文書」公表	
5月26日	G7伊勢志摩サミット開催	
5月27日	米大統領（バラク・オバマ）初の広島訪問	
6月1日	消費税増税10%を2019年10月まで再延期	
6月15日	**舛添都知事辞職**	
6月19日	**公職選挙法改正**（選挙権年齢が18歳以上に）	
6月23日		英国　国民投票でEU離脱が過半数
7月10日	**第24回参院選　憲法改正勢力3分の2に**	
7月31日	**東京都知事選に元防衛相・小池百合子が初当選**	
8月8日	天皇陛下　譲位のご意向を示唆	

8月23日	**おおさか維新の会が「日本維新の会」に党名変更**	
10月12日	**生活の党が「自由党」に党名変更**	
11月9日		米大統領選　トランプ当選（共和党）
平成29年（2017）		
1月23日		米がTPP離脱へ　トランプ大統領令署名
2月10日	東芝の債務超過問題	
2月11日	**日米首脳会談**	
2月13日		北朝鮮の金正男（キム・ジョンナム）がマレーシアで暗殺
3月13日	加計学園問題で安倍首相答弁	
3月23日	森友学園の籠池理事長　証人喚問	
3月28日	働き方改革	
4月26日	**今村復興相辞任**	
5月10日		韓国大統領選　文在寅（ムン・ジェイン）が当選
6月2日		米国　パリ協定から脱退方針発表
7月2日	**都議選　小池知事代表の「都民ファーストの会」が第1党に**	
7月5日	九州北部豪雨災害	
7月6日	日本・EU経済連携協定（日欧EPA）で関税の撤	

	廃などの大枠合意	
7月7日		国連　核兵器禁止条約採択（１２２カ国・地域が賛成）
7月28日	**稲田防衛相辞任（ＰＫＯ日報問題）**	
9月25日	**希望の党結党（代表は東京都知事・小池百合子）**	
10月3日	**枝野幸男　立憲民主党を結党**	
10月10日	**第48回衆議院議員総選挙　自民党圧勝**	
平成30年（2018）		
1月26日	仮想通貨流出事件	
3月9日	**佐川国税庁長官辞任**（国会対応や文書管理などが理由）	
4月24日	**福田財務事務次官辞任**（セクハラ発言報道）	
4月27日		南北朝鮮首脳会談
5月7日	**民進党、希望の党の議員が「国民民主党」を結党**	
6月12日		史上初の米朝首脳会談
6月15日	民泊新法（住宅宿泊事業法）施行	
7月6日	オウム真理教事件に関与した死刑囚全員の死刑執行完了	
7月20日	統合型リゾート整備法（ＩＲ実施法）可決成立	
9月30日	**沖縄県知事選　前衆院議員・玉城デニー初当選**	
10月6日	東京都中央区の築地市場が83年の歴史に幕	
11月19日	日産のカルロス・ゴーンが有価証券報告書の虚偽記載容疑で逮捕	
11月24日	２０２５年万博　大阪に決定	

12月8日	外国人材受け入れ拡大の改正出入国管理法成立
12月20日	韓国海軍レーダー照射事件（韓国海軍による海上自衛隊への照射）
12月26日	日本は国際捕鯨委員会（ＩＷＣ）から正式に脱退
12月30日	環太平洋パートナーシップ協定（ＴＰＰ）の発効
平成31年（２０１９）	
1月8日	**厚生労働省の統計不正問題発覚**
2月1日	日本・ＥＵ経済連携協定（日欧ＥＰＡ）の発効
4月1日	新元号は「令和」　出典は万葉集　官房長官発表
4月30日	退位の礼　天皇陛下（現上皇陛下）ご退位

［略歴］

乾正人（いぬい・まさと）

産経新聞論説委員長
平成元年6月1日より政治部記者。政治記者歴30年。
竹下登首相最後の日の番記者を皮切りに宇野、海部両首相の首相番記者を経て自民党渡辺派を担当する傍ら、政治改革運動も取材した。その後、首相官邸や自民党や社会党など政党を主に担当。平成8年9月から約1年間、防衛研究所で安全保障政策を学んだ。民主党政権時代には、発足当初からその無責任ぶりを厳しく批判。編集局長時代は、トランプ氏が大統領に当選した翌日の1面コラムで「トランプ大統領でいいじゃないか」と内外のメディアがトランプ批判一色の中、肯定論を執筆、大きな反響を呼んだ。
モットーは、「他人が書かないなら自分で書く」。趣味は、競馬と鉄道旅行。

令和をダメにする18人の亡国政治家

2019年7月26日　第1刷発行
2019年10月1日　第3刷発行

著　者　乾正人

発行者　唐津 隆

発行所　株式会社ビジネス社
〒162-0805　東京都新宿区矢来町114番地 神楽坂高橋ビル5F
電話　03(5227)1602　FAX　03(5227)1603
http://www.business-sha.co.jp

〈装幀〉常松端史（チューン）〈本文組版〉メディアネット
〈カバー・本文写真〉産経新聞社
〈印刷・製本〉中央精版印刷株式会社
〈編集担当〉佐藤春生　〈営業担当〉山口健志

ISBN978-4-8284-2113-1